国民经济管理一流本科专业建设理论与实践

林木西　杨爱兵　赵德起　主编

中国财经出版传媒集团

经济科学出版社

Economic Science Press

·北京·

图书在版编目（CIP）数据

国民经济管理一流本科专业建设理论与实践/林木西，杨爱兵，赵德起主编．—北京：经济科学出版社，2024．2

ISBN 978 - 7 - 5218 - 5569 - 2

Ⅰ．①国…　Ⅱ．①林…②杨…③赵…　Ⅲ．①国民经济 - 经济管理 - 学科建设 - 研究 - 中国　Ⅳ．①F123

中国国家版本馆 CIP 数据核字（2024）第 036560 号

责任编辑：于　源　刘　悦
责任校对：易　超
责任印制：范　艳

国民经济管理一流本科专业建设理论与实践

林木西　杨爱兵　赵德起　主编
经济科学出版社出版、发行　新华书店经销
社址：北京市海淀区阜成路甲 28 号　邮编：100142
总编部电话：010 - 88191217　发行部电话：010 - 88191522
网址：www. esp. com. cn
电子邮箱：esp@ esp. com. cn
天猫网店：经济科学出版社旗舰店
网址：http：//jjkxcbs. tmall. com
北京季蜂印刷有限公司印装
710 × 1000　16 开　16. 25 印张　230000 字
2024 年 2 月第 1 版　2024 年 2 月第 1 次印刷
ISBN 978 - 7 - 5218 - 5569 - 2　定价：70. 00 元
（图书出现印装问题，本社负责调换。电话：010 - 88191545）
（版权所有　侵权必究　打击盗版　举报热线：010 - 88191661
QQ：2242791300　营销中心电话：010 - 88191537
电子邮箱：dbts@ esp. com. cn）

目　　录

第一篇　学科专业建设

第二篇　人才培养模式改革

第三篇　课程建设

第四篇　创新创业教育

第一篇　学科专业建设

中国特色国民经济学的建设与发展[*]

林木西

在中国，国民经济学尚属一门年轻的学科，从正式提出"国民经济学"这一概念至今只有 34 年，被正式确立为二级学科仅有 22 年的时间。但从世界视角来看，却是颇具中国特色的经济学科。国家"双一流"建设方案提出建设"中国特色、世界一流"的学科，其中的"中国特色"：一是指国外没有中国有；二是国外虽有相同名称，但与中国有本质区别；三是更重要的是具有鲜明中国特色的学科。从这些方面看，国民经济学恰好符合这些特点。

国民经济学学科建设对建设中国特色社会主义经济具有重要意义：一是有助于充分体现我国国家制度和国家治理体系的制度优势。如坚持党中央集中统一领导，坚持"全国一盘棋"，把社会主义制度和市场经济有机结合起来的显著优势等。二是在充分发挥市场在资源配置中的决定性作用、更好发挥政府作用方面开展重大基本理论攻关，构建新理论，提出新成果，彰显国民经济学学科建设的"中国特色"。三是国民经济治理体系是国家治理体系的重要组成部分，国民经济治理体系和治理能力现代化有利于推进国家治理体系和治理能力现代化。目前，我国国民经济学学科的重大基本理论研究取得了一系列重要进展。

---

[*] 原文载于《经济学家》2020 年第 12 期，第 15 ~ 23 页。

一、国民经济学的学科定位

国民经济学的"中国特色"首先表现在其学科定位上。从学科来源上看，它在马克思"国民经济学"（政治经济学）的基础上已有了新的发展；它似乎可以从德国、奥地利和北欧学派那里找到某些渊源，但并无直接的联系；其在初期的发展虽曾受到"苏联模式"的影响，但改革开放后有了巨大的变化；国外有与其相近的学科，但没有与其相同的学科；曾有人强调其与宏观经济学的联系，然则中国的国民经济学显然有别于西方的宏观经济学。就此而言，国民经济学更多的是"本土经济学""中国特色经济学"。

（一）在马克思"国民经济学"基础上的新发展

马克思在其早期著作中曾交替使用"国民经济学"和"政治经济学"的概念，并将"国民经济学"与"政治经济学"相提并论。从这个意义上看，"国民经济学"就是马克思早期思想中的政治经济学，尽管在其以后的著作中不再使用这一提法。同时应该看到，目前我国的国民经济学在马克思"国民经济学"（政治经济学）的基础上有了新的发展。总体来说，早期的政治经济学是一个大的概念、总的概念，不仅是经济学还包括经济哲学，甚至包括某些政治学的内容。但随着时代的变化和实践的发展，在原有政治经济学的基础上发展出一些新的学科。我国的国民经济学就是符合中国国情、适应中国需要，在马克思"国民经济学"（政治经济学）基础上发展起来的一门具有鲜明中国特色的新兴学科。

（二）与德国、奥地利和北欧学派的"国民经济学"并无直接的理论渊源

在西方，"国民经济学"发展历史较早，17 世纪重商主义时代就已

出现，但只是"政治经济学"的代名词。按照德国、奥地利和北欧学派（也称瑞典学派，因其信徒遍布北欧各国而得名）的说法称之为"国民经济学"，而在英国和德国，当时习惯性地称之为"政治经济学"。这一时期的国民经济学主要强调"家计管理"，而把经济问题主要视为财政学问题，其目的在于挽救封建制度的危机。当时的国民经济学与政治经济学比较接近。但当 17 世纪下半期由重商主义发展到重农学派，一些国民经济学家极力想划清与传统的或古典政治经济学的界限，转而主张经济自由，呼吁国家尽可能少地干预经济事务，故不再局限于理论分析而更强调其实践性或应用性。从这个意义上说，早期的国民经济学比较接近于理论经济学，后来的国民经济学似乎更接近于应用经济学。尽管如此，德国、奥地利和北欧学派的国民经济学与中国没有直接的联系，并不构成中国特色国民经济学的理论来源。

（三）"苏联模式"对中国国民经济学初期的发展曾产生过影响，但改革开放后发生了巨大变化

由于受斯大林模式或"苏联模式"的影响，改革开放前，我国长期实行计划经济体制。与此相适应，在全国一些高等学校一开始设立的是国民经济计划专业和统计专业（也即"计统专业"）。所以，当时的"国民经济学"专业其实就是"国民经济计划学"和"统计学"。如果说那时有所谓的"国民经济学"的雏形，也只是以政治经济学为指导或以其为理论基础的部门经济学。随着由传统的计划经济向"有计划的商品经济"、社会主义市场经济体制转变，我国高等学校适应时代发展的要求，积极开展学科调整和教育改革。1986 年，由辽宁大学率先将原来的"国民经济计划"专业改为"国民经济管理"专业。1986 年、1987 年，厦门大学钱伯海教授相继出版了全国第一部《国民经济学》（上、下册）。1998 年，教育部正式将国民经济学列入应用经济学项下的第一个二级学科，从而确立了国民经济学在中国的学科地位。

(四) 与宏观经济学有着本质的区别

国民经济学学科建立后,不可避免地受到西方经济学主要是宏观经济学的冲击。有人据此认为国民经济学就是宏观经济学,甚至主张用西方的宏观经济学替代中国的国民经济学。但这一说法实际上是缺乏理论依据和实践依据的,只看到了二者之间的某些联系,却缺乏对其本质区别的深入分析。事实上,无论从理论逻辑还是从实践逻辑上说,国民经济学都不同于宏观经济学:第一,从制度背景上说,宏观经济学以资本主义经济制度为前提,而国民经济学基于社会主义基本经济制度。第二,尽管二者分析的基础都是市场经济,但宏观经济学主要是以发达的市场经济为基础,而我国的国民经济学主要是以社会主义市场经济为基础。第三,从市场和政府的关系上说,现代宏观经济学主要信奉的是新自由主义,主要强调市场的作用,而国民经济学强调在充分发挥市场在资源配置中的决定作用的同时,更好发挥政府作用。第四,从分析框架上说,宏观经济学基于凯恩斯的有限需求理论或称需求经济学,着重于总量分析、短期分析,忽视微观层面分析;而国民经济学基于马克思的社会再生产理论、系统论、现代化理论和经济发展理论,加强供给分析、结构分析、长期分析,研究如何科学稳健把握宏观政策逆周期调节力度,增强微观主体活力。第五,从政策取向上说,近年来宏观经济学在宏观调控方面主要强调货币政策的运用,而忽视了财政稳定经济周期的作用,我国的国民经济学研究则既注意宏观经济调控又重视微观经济规制,坚持财政是国家治理的基础和重要支柱,研究财政政策、货币政策、就业政策与其他经济政策等的配合使用,等等。因此,国民经济学不同于宏观经济学,西方宏观经济学代替不了中国的国民经济学。而且从学科发展的角度来看,宏观经济更像是一门课程、一个研究方向,国民经济学在中国已成为一门独立的学科并向纵深发展。

二、国民经济学的研究对象

国民经济学的"中国特色"还体现在其研究对象上。我国学术界曾对此进行了一些有益的探索，应从系统论的角度出发，将"国民经济系统运动及其规律性"作为国民经济学的研究对象。

（一）国民经济系统是国民经济学研究的出发点

根据国民经济学学科的特点，结合我国经济的具体实践可以看出，国民经济学既不同于传统意义上的政治经济学，也不同于宏观经济学，还有别于应用经济学其他学科。因此，应从更高层次、更宽领域、更广视角进行分析。从这个意义上说，可以将"国民经济系统"作为国民经济学研究的出发点。其主要内涵有以下五个方面。

第一，国民经济系统是一个巨系统。根据系统论理论，国民经济是一个规模庞大、结构复杂、目标多元、影响因素错综复杂，由一系列紧密联系的系统要素或子系统构成的巨系统。对此，运用传统的分析方法已显得软弱无力，只有把国民经济作为一个有机结合的整体，站在系统论的高度，才能高屋建瓴，统揽全局，进行整体协调，实现整体效应。对于中国这样的巨大经济体来说，这一点显得尤为重要。

第二，国民经济系统是国家、国民和市场共同构成的复合系统。国民经济学本质上是从系统论的视角研究"国民"。这里的"国民"既包括"国"也包括"民"。因为国家的一切行为归根到底都是为了人民，国家的一切发展都是"以人民为中心"，即发展为了人民、依靠人民，发展成果由人民共享，国民经济学主要研究以"国"促"民"全面发展。在社会主义市场经济下，国家与国民的发展都离不开市场，国民经济系统运动要充分发挥市场配置资源的决定性作用，更好发挥政府作用。

第三，国民经济系统是由多部门、多地区、多环节相互联系而组成的网络系统。国民经济系统不是众多部门的简单相加，各地区也不是完全独立互不相连的行政单元或经济单元，社会再生产过程是由生产、分配、交换和消费相互联系而组成的有机整体。国民经济学正是从诸多部门、地区和环节的相关联系、相互衔接和相互制约中，从各子系统对国民经济系统的相互影响中，从整体上研究国民经济系统运动及其规律性，这正是中国国民经济系统运动的一个重要特点。

第四，国民经济系统是四种再生产构成的综合系统。国民经济系统不是单纯的物质产品生产的运动，而是包括物质产品再生产、人口再生产、精神文化再生产和自然环境再生产四种再生产相互协调、相互促进，经济系统、人口系统、社会系统和自然系统有机结合而成的综合系统。对于一个具有 14 亿多人口的大国来说，这是一个更高层次的系统整合，包含丰富的内涵和鲜明的特色，只有形成良性互动、和谐发展的局面，才能真正实现高质量发展。

第五，国民经济系统是一个开放的、动态的系统。在全球化背景下，任何一国都不能置身其外、独善其身。面对构筑人类命运共同体的大背景，中国要推进合作共赢的开放体系建设，积极参与全球治理体系改革和建设，其所研究的国民经济系统不是封闭的而是开放的系统，不是相对固定的静态系统，而是不断改革创新的动态系统。正是由于国民经济系统的开放性和动态性的特征，为国民经济学研究提供了丰富的内容和广阔的空间。

（二）国民经济学的研究对象是国民经济系统运动及其规律性

分析国民经济系统运动及其规律性必须抓住重点，即对影响国民经济系统运动的主要方面、主要因素进行分析，而没有必要更没有可能事无巨细、无所不包。这是因为，其中的任何一个子系统或分系统都内容丰富，从经济学研究角度看似都可构成一个独立的学科。总体来说，研究国民经济系统运动及其规律性，主要包括以下内容。

第一，国民经济系统内在的规律性。主要研究国民经济系统总体、国民经济系统结构和国民经济系统环境之间的相互关系。旨在准确地把握国民经济系统各子系统之间的内在联系和相互作用，正确处理各子系统之间的关系。引申来说，就是要正确处理国民经济学与其他学科之间的关系。例如，国民经济系统涉及多部门、多地区之间的关系，但它毕竟不同于产业经济学和区域经济学；它研究四种再生产的相关协调和相互促进，但它不是政治经济学、人口资源与环境经济学；国民经济系统是一个开放的动态系统，但国民经济学不能囊括世界经济、国际贸易学的全部内容，等等。研究国民经济系统及其构成，主要是为了进一步厘清学科界限，深化国民经济学研究。与此同时，进一步分析影响与制约国民经济系统运动的各种外部因素即系统环境，从可持续发展的角度探讨国民经济系统与系统环境保持协调关系的途径。

第二，国民经济运行的规律性。国民经济运行是国民经济学研究的重要内容，也是国民经济管理的客体。应该看到，国民经济运行既有一般规律性又有其特殊性。由于国民经济运行所面临的系统环境不同，各国政治体制、经济体制和治理方式不同，国民经济运行必然呈现出不同的特点：一是对于国民经济运行总体分析而言，其基本规律大体上是相同的，即社会总供给和社会总需求的总量平衡和结构平衡、价值平衡和实物平衡等的关系，这是运行分析的基本前提。二是对于需求分析和供给分析而言，各国的情况则有所不同。虽然国民经济运行的需求动力与需求管理主要是研究通常所说的"三驾马车"，但由于汇率对国际收支具有重要影响，而我国实行的是"有管理的浮动汇率制"，不同于大多数西方国家实行的浮动汇率制，因而会对国际收支以及对社会总需求产生不同的影响。三是在国民经济运行的供给推力与供给管理方面，除劳动力、资本、土地等自然资源和技术等的供给外，与我国国民经济运行密切相关的还有制度供给，新时代我国还创造性地提出实行供给侧结构性改革，这些都彰显出中国特色国民经济运行的显著特点。四是在国民经济运行的周期波动方面，中国也有区别于西方国家的某些特色，在顺周期调整和逆周期调节方面采取了一些不同的做法，从而为分析国民经济宏观调控提供了新的课题。

第三，国民经济管理的规律性。国民经济系统的动态运行客观上需要进行国民经济管理。对于这个问题，一般没有什么争议。但对于国民经济管理规律性的认识和把握，东西方国家有着很大的差异，前提是对于国民经济管理内涵的理解。宏观经济学强调需求管理，主要是实行财政政策和货币政策，新自由主义尤其强调货币政策的重要性。但由于政治体制、经济体制不同，在调控政策的使用上往往受到很大的限制。例如，欧盟可视为一个大的经济系统，但由于 27 个成员方或子系统之间缺乏统一的财政体制，不能实行统一的财政政策，因而无法进行统一的需求管理。再如，对于国民经济管理除了国民经济宏观调控之外，是否还包括国民经济微观规制，学术界也有不同的看法。而从我国的实践来看，国民经济管理无疑应是二者的统一，实行国民经济宏观调控与国民经济微观规制相结合，这是中国特色国民经济管理的重要特点，也是国民经济学研究的重要方面。在微观规制方面，既要完善经济性规制，又要加强社会性规制，后者的重要性日益突出。此次我国抗击新冠疫情的"武汉保卫战"，就是一次典型的应对重大突发公共卫生事件的社会性规制，也是健康与卫生规制的典型案例。面对这场突如其来的公共卫生事件，由于我国充分发挥了独特的制度优势，从而提供了健康与卫生规制的"中国方案"。而世界其他国家由于国情、政体等的不同，处理方式各异，这也为我们研究国民经济微观规制提供了不同的视角。

三、国民经济发展战略和国民经济规划

党的十八届三中全会《中共中央关于全面深化改革若干重大问题的决定》提出"健全以国家战略和规划为导向、以财政政策和货币政策为主要手段的宏观调控体系"。党的十九届四中全会《中共中央关于坚持和完善中国特色社会主义制度　推进国家治理体系和治理能力现代化若干重大问题的决定》提出"完善国家重大发展战略和中长期经济社会发展规划制度"。国民经济发展战略和国民经济规划是国民经济学研究的重要内容。国民经济系统运动必须有明确的战略指引和规划导向。从国民经济运行到国民经济管理,其相互衔接、互相配合的中间环节,是关于国民经济发展战略和国民经济规划的分析。正确制定符合本国国情、适应不同时期发展需要的发展战略和发展规划,是实现国民经济管理的重要前提,也是正确引导国民经济系统运动的重要保证。由于当今世界国民经济系统运动已进入"战略管理"和"规划管理"时代,从这个意义上说,国民经济战略管理和规划管理也是国民经济管理的重要内容。

(一) 国民经济发展战略

国民经济发展战略也称国民经济和社会发展战略、国家战略,属于国家在广阔时空背景下战略层次的决策,由此决定其具有与其他宏观政策不同的特征。我国的国民经济发展战略尤其具有十分重要的意义和影响,主要表现在以下三个方面。

第一,国民经济发展战略是执政党和政府在一定时期经济社会发展的指导思想、治理理念和制度优势的集中体现。其主要特征有:一是统领性。经济发展战略是党和国家最高层次的决策,是由党和国家最高决策机构按照法定程序制定的,是公共选择的结果,也是全体社会成员共同利益和奋斗目标的现实体现,具有权威性和法律性。二是全局性。经济发展战略是关于国民经济和社会发展的总方向、大趋势和若干重大方面的总体部署,强调从全局高度寻求发展思路,坚持"全国一盘棋""集中力量办大事"。三是长期性。与国民经济规划一般为 5 年不同,经济社会发展战略往往需要 10 年甚至更长时间才能实现,因而是制定五年规划、年度计划和各项经济政策的指导原则和基本依据。

第二,国民经济发展战略作为统揽全局指引国民经济系统运动的宏伟蓝图,是关系国家发展前途和命运的主要国策。其主要功能有:一是目标导向,经济社会发展战略的重要功能之一是确立未来经济社会的发展目标和发展路径,具有时间上的连续性和空间上的继起性;二是系统协调,主要协调国民经济系统各子系统的关系,使系统内部协调有序,灵活应对系统环境的变化;三是凝聚合力,主要体现民意、汇聚民智、凝聚民力,充分调动广大人民群众的积极性,保证经济社会发展战略的贯彻实施;四是整体优化,从系统论的角度来看,国民经济系统本质上是对系统发展的有力约束,主要强调系统发展的整体性、综合性和有机性,使各子系统处于不断优化的过程之中。

第三,国民经济发展战略充分体现了世情、国情、不同历史时期或发展阶段党和国家战略思想的重大发展变化。例如,我国从"一五"时期开始实行重工业优先发展的工业化战略,此后又提出实行现代化战略。1964年底提出实现"四个现代化""两步走"的发展战略,1987年提出"三步走"的发展战略。党的十八届三中全会以来,我国进入了全面建成小康社会的决战期。党的十九大提出决胜全面建成小康社会,开启全面建设社会主义现代化的新征程,为此要坚定实施科教兴国战略、人才强国战略、创新驱动发展战略、乡村振兴战略、区域协调发展战略、可持续发展战略、军民融合战略。党的十九届四中全会进一步提出坚持和完善中国特色社会主义制度、推进国家治理体系和治理能力现代化。

同时应当指出,在某一时期国民经济发展战略的实施过程中,往往还制定一系列具体的发展战略。如在实施区域发展总体战略时,实施西部大开发、东北地区等老工业基地振兴、中部崛起和东部率先发展战略;在实施区域协调发展战略时,实施京津冀协同发展、长江经济带建设、粤港澳大湾区建设、长三角一体化建设和黄河生态环境保护和高质量发展战略等,由此构成经济社会发展战略的完整体系。

(二) 国民经济发展规划

党的十九大报告提出"创新和完善宏观调控,发挥国家发展规划的战略导向作用"。党的十九届四中全会提出"健全以国家发展规划为战略导向,以财政政策和货币政策为主要手段,就业、产业、投资、消费、区域等政策协同发力的宏观调控制度体系"。国民经济发展规划或国家发展规划是国民经济学研究的重要内容,也是我国国民经济治理的重要特色。围绕这一问题研究已初步形成以下观点。

第一，国民经济规划是颇具中国特色的国民经济治理的制度安排。我国从 1953 年编制国民经济第一个五年计划（简称"一五"计划，1953～1957 年）开始，除"三年调整"（1963～1965 年）之外持续编制"五年计划"至今已经 67 年，这在世界经济规划史上堪称一大奇迹。国民经济计划肇始于 20 世纪中期以苏联为代表的社会主义国家，随着苏联解体、东欧剧变，大部分国家已经放弃了五年计划。我国始终坚持编制并不断完善。从国民经济计划执行情况来看，除"二五"计划（1958～1962 年）、"三五"计划（1966～1972 年）两个时期，由于指标偏离实际和当时国内特殊的政治历史背景执行不力外，其他时期都得到了切实执行并取得了较好的效果。

第二，国民经济规划与国民经济发展战略相互作用、互为支撑，为实行战略管理和规划管理提供了"中国经验"。在中国经济发展的成功经验中，很重要的一点在于二者的紧密结合：一是从相互关系来看，发展战略是发展规划的基础，发展规划又是年度计划的基础，先有战略、后有规划，发展战略是发展规划、年度计划的核心和灵魂，发展规划、年度计划则是发展战略的延续和细化。二是从实施范围和实施时间来看，发展战略是全面概括的总体谋划，其实施时间是中长期的，而发展规划和年度计划是中期和短期的，由此决定了一个重大发展战略通常可能需要几个五年规划或者更多的年度计划来实施。三是从实施内容和实施方法来看，发展战略是方向性和原则性的，主要以定性为主；发展规划是轮廓型或粗线条的，定性与定量并存；年度计划是具体的细线条的，主要以定量为主。总之，发展战略与发展规划、年度计划的关系相当于战略与战术和策略的关系，由此保证在其实施过程中能够相互衔接，既具方向性又有可操作性，以此促进国民经济的可持续发展。

第三，不同时期国民经济规划的演变充分体现了该时期党和政府发展理论、发展理念的演进过程和演进规律。发展理论是国民经济发展的理论指导，发展理念是国民经济规划的总方向和总原则，集中体现了国家的发展战略和发展规划。从 1953 年起实施的"一五"计划，主要体现单一的、以工业化为主要内容的发展战略。1964年，首次提出实现"四个现代化"、实行"两步走"。1982年，第一次将"国民经济五年计划"的名称和内容扩展为"国民经济和社会发展五年计划"，由片面强调"经济增长"扩展为"经济发展"，并在国民经济发展的同时增加了"社会发展"的内容，从而体现了从单一发展战略向综合发展战略的转变。2006年，我国第一次将"国民经济和社会发展计划"改为"国民经济和社会发展规划"，由此进入了国民经济发展规划期。由"计划"到"规划"虽然只有一字之差，却反映出我国经济发展战略、经济体制、发展理念和政府职能等方面的重大转变。改革开放以来，党和国家的发展理论和发展理念经历了从经济增长到经济发展、全面发展、可持续发展、科学发展到高质量发展的不断升华，这是对世界经济发展理论的重大贡献，也是对我国经济发展战略、经济发展规划理论的创新演进。

第四，我国的国民经济规划体系与国民体系治理体系的相互作用是破解"中国发展之谜"的"钥匙"。中国具有独特的"三级分类"规划体系，即国民经济和社会发展规划按行政层级划分，分为国家级、省（区、市）级、市县级三级规划，主要涉及中央政府和地方政府的关系；按对象和功能类别划分，分为总体规划、专项规划、区域规划三个类别，主要涉及人口资源环境及与财政等关系。国民经济规划体系与国民经济治理体系具有十分紧密的关系。在国民经济规划权集中、财政权分散和任期治理机制下，国民经济发展主要服从单一的经济增长目标。"十一五"时期以来，中央政府逐渐形成目标治理机制，分为约束性和预期性两大类指标，将约束性指标作为地方政府官员政绩考核的"硬指标"，使中央政府的发展理念和发展目标通过层层分解，形成地方政府的发展理念、发展目标、年度计划和具体任务。"十二五"时期提出以科学发展为主题，以加快发展方式为主线，突出科技教育、资源环境和人民生活指标的作用。"十三五"时期以创新、协调、绿色、开放、共享为新发展理念，以提高发展质量和效益为中心，以供给侧结构性改革为主线，规划指标体系从经济发展、创新驱动、民生福祉和资源环境四个方面确保到 2020 年实现全面建成小康社会目标。由此，将国民经济规划体系与国民经济治理体系有机结合起来，从而推动新发展理念和高质量发展目标的实现。

四、国民经济管理

国民经济管理或国民经济治理是国家治理体系的重要组成部分，是指在既定的发展战略和发展规划下，对国民经济系统运动所进行的管理或治理。我国的国民经济管理既有宏观经济管理的一般特点，又有符合中国实际的显著特点，主要表现在以下五个方面。

（一）国民经济目标管理

从系统论的观点来看，国民经济系统运动涉及多方面的内容，因而国民经济管理存在着多层次的目标。与西方宏观经济学分析不同的是，国民经济学既研究国民经济系统运动的一般目标，如经济增长、充分就业、物价稳定和国际收支平衡等，同时还研究国民经济管理更高层次的目标，即国民经济的可持续发展、科学发展、全面发展和高质量发展，即"十三五"时期所提出的创新、协调、绿色、开放、共享的新发展理念，以及经济发展方式转变在国民经济系统运动中的实现。国民经济管理的终极目标，则是"坚持以人民为中心的发展思想，不断保障和改善民生、增强人民福祉，走共同富裕的道路"，努力实现全面建成小康社会，进而实现社会主义现代化和中华民族伟大复兴的伟大目标。也就是说，要从系统论出发优化经济治理方式，加强全局观念，在多层次目标管理中，寻求国民经济系统运动的动态平衡。

（二）国民经济监测预警与综合评价

国民经济监测是指对国民经济系统运动实行有效监督、分析、预测和评估管理的过程，观测国民经济系统运动是否符合国民经济管理的目标；国民经济预警则是当国民经济系统运动即将发生重大波动或偏差时及时做出分析、预报或警示的过程；国民经济综合评价主要是指对国民经济政策的综合评价、国民经济综合效益的评价等。为此，必须研究国民经济监测预警的模式和方法，设立国民监测预警系统及指标体系，建立国民经济政策评价体系和国民经济效益综合评价体系等，以便正确评估国民经济系统运动状况，准确预测未来国民经济发展趋势，及时反映国民经济管理效果，这是国民经济宏观调控和微观规制的前提和条件。

（三）国民经济宏观调控

科学的宏观调控，有效的政府治理，是发挥社会主义市场经济体制优势的内在要求。国民经济学与宏观经济学在国民经济宏观调控研究上的不同主要在于：一是正确处理市场和政府的关系。把"看不见的手"和"看得见的手"都运用好，既要"有效的市场"，也要"有为的政府"，努力在中国建立和完善社会主义市场经济体制的实践中破解这道"世界性难题"。二是供给管理和需求管理的关系。二者都是宏观调控的重要手段，但侧重点不同。世界各国对此做法不一，主要依据一国宏观经济形势做出抉择。我国经济发展进入新常态后提出以供给侧结构性改革为主线，把提高供给体系质量作为主攻方向，显著增强我国经济质量优势，并提出把供给侧结构性改革主线贯穿于宏观调控全过程，这是社会主义市场经济的一次伟大实践，也是国民经济学研究的重要内容。三是货币政策与财政政策及宏观经济政策体系的关系。过去的40年，西方各国在经济上奉行新自由主义，突出强调货币政策的作用，而否认政府和财政政策在刺激需求和稳定周期中的作用。党的十八届三中全会首次提出财政是国家治理的基础和重要支柱，强调财政政策和科学的财政体制的"推进器"作用。党的十九大提出健全货币政策和宏观审慎政策"双支柱"调控框架，旨在发挥货币政策作为宏观经济"稳定器"的作用。连续11年的积极的财政政策和稳健的货币政策的有效配合，虽然政策名称一直未变，但实施内容和实施重点每年都有所不同，二者的相互搭配已取得了显著的成效。2019年的《政府工作报告》又首次将就业优先政策置于宏观政策层面，强调就业优先政策的全面发力。党的十九届四中全会进一步提出健全各种调控政策协同发力的宏观调控制度体系。这样，就为破解"菲利普斯曲线失灵"提供了中国理论和中国方案。四是创新和完善宏观调控方式、调控工具，确保经济运行在合理区间。主要是实行"区间+定向+相机""三位一体"的调控方式，适时实行预调微调，在总量调节和定向施测并举、短期和中长期结合、国内和国际统筹、改革和发展协调，以及注重调控工具体系创新，健全政策协同和传导落实机制，提高逆周期调节的精准性和有效性等方面进行了一系列探索。

（四）国民经济预期管理

预期管理是国民经济管理的重要内容，也是创新和完善宏观调控方式的重要体现。我国的预期管理经历了治理通货膨胀预期管理、治理通货紧缩预期管理、创新和完善宏观调控预期管理等不同阶段。与西方发达经济体侧重货币政策或金融领域的预期管理不同，我国预期管理的主要特点有：一是充分重视国民经济发展规划的作用。即通过预期性目标的制定和实施，传递预期管理的信息，引导市场预期和社会预期的方向。二是扩展预期管理主体。充分发挥财政、金融和发改部门的宏观调控"三驾马车"的作用，同时充分发挥各传导部门的作用，引导发展预期。三是强化信心管理。强调"信心比黄金更重要"，坚持信心管理是重要的政府管理。四是不断扩大预期管理范围。在货币政策、财政政策前瞻性指引的基础上强化对资本市场、房地产市场等的预期管理。五是利用大数据提质预期管理。主要是利用大数据支撑前瞻性指引，对微观主体数据进行数字化和具象化处理，建立风险识别和预警管理机制等。

（五）国民经济微观规制

国民经济管理不仅要实行国民经济宏观调控，而且还要实行国民经济微观规制，实现宏观政策与微观政策协同发力，这是国民经济学研究又一重要任务。在社会主义市场经济条件下，实行微观规制的目的在于，在实现宏观经济目标的同时还要实现政府的公共政策目标，切实保护生产者和消费者的利益，以保障经济安全和社会安全。党的十九届四中全会第一次提出"推动规则、规制、管理、标准等制度型开放"，为国民经济学研究提出了新的要求：一是完善经济性规制。主要是价格规制、激励性规制、投资规制和质量规制等，以抑制市场价格不合理形成过程、市场主体不合理生产过程和要素收益不合理分配过程等，不断提高经济效率。二是加强社会性规制。主要是健康与卫生规制、交通与工作场所安全规制、防止公害与保护环境以及确保教育文化与福利等，主要解决信息不对称、外部性、公共资源和公共产权受到侵害和"非价值物品"的产生等问题，努力促进社会公平。三是完善微观规制体制和深化规制体制改革，主要包括建立微观规制的法律体系、机构体系和监督体系等，促进高质量发展。

综上可见，国民经济学这一学科历史虽短但发展较快，现已初步形成较为清晰的课程体系、教材体系和话语体系。从长远来看，国民经济学有着更加广阔的发展空间，不仅一些原有的研究内容、研究方向可以逐步扩展成为国民经济学的子学科，而且可以建立一些新的学科。例如，党的十八届三中全会提出"形成参与国际宏观经济政策协调的机制"，党的十九届四中全会进一步提出"推动建立国际宏观经济政策协调机制""完善涉外经贸法律和规则体系"，这就为研究"开放经济管理"乃至建立"开放经济管理学"提出了新的更高要求。从未来发展来看，将致力于把国民经济学学科建设成为具有中国特色、中国风格、中国气派的世界一流学科。

参考文献

[1] 林木西：《关于国民经济学学科建设的几个问题》，载《广东商学院学报》2011年第1期，第4~11页。

[2] 林木西：《国民经济学的历史沿革与研究对象》，载《政治经济学评论》2016年第6期，第113~130页。

［3］洪银兴：《40 年经济改革逻辑和政治经济学领域的重大突破》，载《经济学家》2018 年第 12 期，第 14～21 页。

［4］丁任重：《努力实现全面建成小康社会的战略目标》，载《经济学家》2015 年第 12 期，第 6～8 页。

国民经济管理专业三大体系特色化建设

赵德起　　林木西　　杨爱兵　　吴云勇　　果　艺

一、研究简介

全国高等学校特色专业建设点、全国"本科教学工程"地方院校第一批本科专业综合改革试点"国民经济管理专业"是辽宁大学设立较早的本科专业之一。20 世纪 50 年代建校伊始，就设立了"国民经济计划"专业，1986 年在全国率先将这一专业改为"国民经济管理"专业。专业建设已达 32 年，其中，关于特色专业和综合改革试点专业的建设检验期已近 10 年，主要致力于以下方面的改革和创新。

（一）建设特色专业

1986 年获批建立国民经济计划与管理硕士点，1990 年获准建立全国第三个国民经济学博士点，2002 年、2007 年连续两届被评为国家重点学科。1998 年教育部将本科专业目录调整后成为全国继续保留下来的七所院校之一，与人民大学、北京大学并称"全国三甲"。2009 年获批成为全国第一批本专业特色专业建设点，2011 年获批成为全国第一个本专业"本科教学工程"地方院校本科综合改革试点专业，遂成为全国本专业的"领头羊"。在 2005 年成为辽宁省示范专业的基础上，

2011 年和 2017 年先后被评为辽宁省第一批综合改革试点专业、辽宁省创新创业教育改革试点专业。

（二）培养特色人才

本专业致力于培养适应国家经济建设和地方建设需要，具有较高综合素质、适于在国家和地方综合部门或综合协调部门及企业发展规划部门工作的应用型、复合型、创新型人才，以及具有宽阔国际视野、熟练外语水平、较强适应能力的国际化人才。由于具有在全国知名度高、认可度高和集中度高"三高"的特点，本专业毕业生一直在全国受到用人单位的欢迎和好评。

（三）打造特色团队

目前已形成包括长江学者特聘教授、国家级教学名师、国务院学位委员会学科评议组成员、全国万名优秀创新创业导师、中国宏观经济管理教育学会副会长和省经济学类教指委主任委员和秘书长、省"百千万人才工程"入选者、省高等学校优秀人才支持计划入选者以及校级优秀教师、"十佳本科教师"等在内的优秀教师团队。2018 年，由本专业教师等组成的教师团队被评为首批全国高校黄大年式教师团队。

（四）出版特色教材

目前，出版"十一五""十二五"国家级规划教材《国民经济学》，自 2008 年以来连续出版三版，获批国家精品教材、省本科教学成果奖一等奖；出版"十二五"国家重点图书出版规划项目《国民经济学系列丛书》，获批"十二五"省级规划教材、省级精品教材；出版国家出版基金资助项目《现代经济学大典（国民经济学分册)》。

（五）深化特色改革

继由全国高校本专业创始人之一张今声教授领衔的教学改革成果"以学科建设为中心的专业教学改革"和"面向 21 世纪国民经济管理

专业教学内容与课程体系改革研究"先后荣获国家级教学成果奖二等奖后，2009 年以来"国民经济学专业、课程、教材一体化建设"和《国民经济学》（教材）连续两届获得省级教学成果奖一等奖。

（六）推进特色教育

自 2015 年起，连续 3 年承办辽宁省智慧经济创新创业大赛，共有 1 万多名学生参加比赛；成立创新创业之智慧经济教学联盟（CFCC），获批国家级大学生创新创业项目三项："V 爱养老咨询管理有限公司""基于 3D 打印技术的医疗整形模式创新""关于'华膳房'中医养生餐馆的建立与推广"；开设创新创业专门课程"创新创业经济学"和"创意创业"，聘请哈佛、剑桥等名校近 30 名教授和博士担任创新创业导师；案例"搭建平台、构建创新创业生态系统——辽宁大学开展中国未来创意阶层项目纪实"被评为 2016 年辽宁省高等教育领域改革发展典型案例的优秀案例；建立了国家级实验教学示范中心、获批辽宁省普通高等学校实验教学示范中心，为创新创业教育、实验实践教学提供了良好平台。

（七）开展特色交流

本专业在国际化人才培养方面成效显著，先后选拔资助 70 余名优秀学生赴美国哈佛大学和英国剑桥大学进行国际交流，2017 年 10 月，在全国著名经济学家、辽宁大学经济学科创始人宋则行教授的母校——英国剑桥大学三一学院举办了"宋则行教授经济思想国际研讨会"和"首届剑桥—辽大创新创业经济学论坛"，辽宁大学有 30 名学生参加。

二、解决教学问题的方法

（一）提高专业建设中各环节一体化水平的方法

主要做法是"两重心两重视"，即以深化教学改革为重心，以学生发展为重心，重视各环节自我规划，重视各环节间的有机连通。明确辽宁大学国民经济管理专业建设的基本目标：全面提高高等教育质量为中心，建设成创新创业人才培养基地，有较大影响的教学和教改实验基地，为国家经济建设和东北（辽宁）老工业基地全面振兴服务、侧重于国民经济基础理论和方法研究、在全国领先的重点科研基地，全国国民经济管理专业师资培训基地。将课程建设、教材建设、师资队伍建设、教学改革研究、教学平台建设、教学专著与论文、创新创业能力提升、优秀人才培养这"八大任务"统一到专业建设中。分别设置了建设规划，实行动态实时调整优化的建设思路，形成了"以学生发展为中心，以学生创新创业能力提升为基本着力点，以课堂与专业平台为载体，以课程建设与教材建设为两翼，以教学改革为'助推剂'，以教学思想与理论创新为动力来源"的专业建设各环节动态良性发展的机制。具体包括：合理化师资队伍结构，实施教学改革项目团队制、教材编著定期更新制、学生导师制、平台共享制、教师老带新制、课程内容年度更新制等，确保专业建设各环节一体化的顺畅。

（二）加强课程设置、教材编著与实际紧密结合的方法

主要做法是"课程教材随国民经济发展同步优化"。根据国民经济发展的新趋势，国民经济管理专业新增设创新创业经济学、创新与创意、国民经济热点专题等课程。将课程融入秋季、春季和夏季小学期三个学期中。定期更新教材品种，定期更新教材内容。连续十余年编著国民经济管理专业系列教材，包括《国民经济学》《国民经济战略学》《国民经济管理理论与方法》等。在教材中将国家经济社会发展的重要理论成果、重大战略等有机融入，实现了教材与经济社会发展的深度融合，保证国民经济管理专业的时代性。

（三）创新国民经济管理基本理论的方法

主要做法是"夯实基础，加强团队，激励成果"。夯实基础主要是打牢师资的基础，包括人才的引进与培育，合理化教师年龄结构、职称

结构、学缘结构及科研结构。加强团队主要是在教学项目开展、教材编著、课程设置、学术论文写作等方面全体教师分工协作，发挥优势，凝聚智慧。激励机制主要是对国民经济管理专业相关研究成果给予激励，包括优秀成果出版、优秀成果申报、优秀成果专题研讨、优秀成果学术会议展示等多渠道、多方式的成果激励。因而，国民经济管理在专业建设中不断涌现在全国具有影响力的专著、论文与教学成果奖。基本理论的不断创新保证了国民经济管理理论的前瞻性、前沿性与本专业在国内的领先地位。

（四）持续提升学生创新创业能力的方法

主要做法是"建设课程，设计教学，搭建平台，交流实践，强化指导"。在课程建设方面，国民经济管理专业专门开设创新创业经济学课程，由专任教师讲授。在教学设计方面，各类课程均设有实践内容，通过将课程内容模拟实践化的方式提高学生的创新创业能力。在平台建设方面，在企业建立实习实践基地，申报获批仿真模拟实训中心，连续多年举办省级创新创业大赛。在交流实践方面，主要是让学生走进企业、走进社区，体验实践。同时，选拔优秀学生到美国哈佛大学、英国牛津大学等知名高校进行交流学习。强化指导主要是教师对学生参与挑战杯与创新创业大赛进行全程指导。通过上述五个方面的协同，学生的创新创业能力得以持续提高。

三、研究的创新点

（一）基础理论创新与教学方法改革凝聚专业吸引力

连续三届被教育部评审为国家级重点学科的辽宁大学国民经济管理专业始终将国民经济学基础理论创新与教学方法改革作为专业发展的一条主线，始终将国计民生的重大战略纳入专业范畴。本专业先后出版和发表了《国民经济学辞典》《国民经济学》《国民经济学的历史沿革与研究对象》等著作与论文，系统阐述了国民经济学理论体系。同时发表了《探究式教学应用于经济类专业本科课堂教学的实践》《〈国民经济管理学〉本科课程教学、考试改革研究》《"理论—实践"型人才培养路径及对策研究》等一系列教学改革论文。提出了"终身创新创业"等教学理念，形成了"提意识、提能力、提创意、重模拟、重拓展、抓机遇、励创业"的"三提二重一抓一励"等教学模式。在此基础上，本专业的"以学科建设为中心的专业教学改革"获国家级教学成果奖二等奖、"面向21世纪国民经济管理专业教学内容与课程体系改革研究"获国家级教学成果奖二等奖、"国民经济学专业、课程、教材一体化建设研究"获辽宁省教学成果奖一等奖、"创新型人才培养模式研究与实践"获辽宁省教学成果奖三等奖。专业凝聚力不断提高。

（二）师资团队协作与课程教材优化增强专业竞争力

国民经济管理专业始终将师资队伍协作和课程教材优化作为专业建设的重要抓手，走出了"团队协作出精品"的专业建设之路。国民经济管理专业先后获批"全国普通高等学校特色专业建设点国民经济管理专业""辽宁省示范性专业国民经济管理""辽宁省普通高等学校创新创业教育试点专业""辽宁省普通高等学校本科课程体系国际化试点专业"。国民经济管理学获得辽宁省精品课程、《国民经济学》获国家精品教材、《现代经济计划方法与模型》获普通高等教育优秀教材、《国民经济学系列丛书》获辽宁省精品教材。"精品团队，团队精品"的专业建设特色不断提升国民经济管理专业的竞争力。

（三）领军人才培育与标志成果产出彰显专业影响力

专业建设需要领军人才，用领军人才引领专业发展方向，引领专业改革潮流。国民经济管理专业林木西教授是"国家高层次人才特殊支持计划"第一批教学名师、"长江学者奖励计划"特聘教授、全国高校首届国家级教学名师、全国先进工作者、国务院政府特殊津贴获得者、第三届中国杰出人文社会科学家、国家社会科学基金学科规划评审组专家、全国首批全国高校黄大年式教师团队入选者、辽宁省专业带头人、辽宁省经济学类教学指导委员会主任委员。另外，国民经济管理专业1人入选首批全国创新创业导师、1人担任辽宁省经济学类教学指导委员会秘书长、2人获聘辽宁省决策咨询委员会委员、3人入选辽宁省"百千万人才工程"、2人入选辽宁省创新团队。国民经济管理专业已经形成梯队式、团队式的优秀人才培养模式，取得了丰硕的标志性成果。本专业教师先后获得国家级教学成果奖一等奖一次、二等奖两次，省级教学奖一等奖三次。获教育部高等学校科学研究优秀成果奖三次。获省政府奖一等奖三次、二等奖两次、三等奖两次。出版专著30余本，形成了国民经济管理专业系列教材。良性的领军人才培养模式与持续的高水平成果的产出使国民经济管理专业在国内的影响力不断提升。

四、研究的推广应用效果

（一）国民经济管理专业的建设模式逐渐成为我国本学科建设发展的典范

多年来，国民经济管理专业连续创造了16个全国第一，即编写出版了第一本《国民经济计划方法》（1982年）、全国第一部《社会主义宏观效益概论》（1984年）、全国第一部经济计划干部培训教材《社会主义经济调节概论》（1986年）、全国高校第一部《社会主义宏观经济学》（1989年）、全国第一套《国民经济学系列丛书》（2005年）并成为被新闻出版总署列入"十二五"国家重点物的全国本学科第一套系列丛书（2011年）、全国第一部连续两批（"十一五"和"十二五"）国家级规划教材、全国第一部本学科国家精品教材《国民经济学》（2009年）、全国第一本本学科辞典《国民经济学辞典》（2014年）。获得本学科第一个国家级教学成果奖"面向21世纪国民经济管理专业教学内容与课程体系改革研究"（2001 年）、全国第一个本学科国家特色专业建设点（2009 年）、全国第一个本学科"本科教学工程"地方高校本科综合改革试点专业（2011 年）。建成全国第一个由两位长江学者特聘教授领衔，连续两届同时具有本学科本科、硕士、博士和博士后的人才培养层次齐全的国民经济学国家重点学科。2017 年国民经济学成为国家"双一流"建设辽宁大学世界一流学科"应用经济学"建设的重点建设方向之一。国民经济管理专业在专业建设、课程与教材建设、师资队伍建设、教学改革等方面对我国国民经济管理专业的改革与建设起到了重要的引领作用。

（二）《国民经济学》国家级精品教材全国重点推广使用

教材主编单位——辽宁大学的"国民经济学"学科在 2002 年、2007 年连续两届被评选为国家重点学科，林木西教授、黄泰岩教授均为本学科"长江学者特聘教授"，2010 年主编出版《国民经济学（第二版)》。该教材已被全国多所高校使用，在全国学术界产生较大影响，对推动我国国民经济学学科建设起到了重要作用。经过多年的使用，该教材已成为国家重点教学基地、高等学校特色专业建设点、国家级人才培养模式创新实验区、国家级教学团队、地方高校"本科教学工程"专业综合改革试点等的专业核心课教材。该教材自使用以来受到读者的广泛好评，并得到业内专家的较高评价，全国国民经济学学科的领军人物及一些主要代表人物对本教材给予高度关注和评价，例如，中国宏观经济管理教育学会会长、中国人民大学经济学院副院长、博士生导师刘瑞教授认为，"由辽宁大学经济学院教师集体编著的这部教材，一方面在国民经济计划学方面有所继承；另一方面吸收了其他学科的理论养分，这两方面综合的结果是一些学科核心命题的诞生，这对形成国民经济学内核是有益的"；中央财经大学经济学院院长、博士生导师蒋选教授在《高校国民经济学学科建设若干问题刍议》一文中指出，"经过多年的不懈努力探索，在本学科的骨干高校逐步形成具有不同特点的成某种体系的研究范围，……辽宁大学侧重于各种分析方法的模式等（其代表性成果是辽宁大学的《国民经济学》)"；在《论国民经济学学科的生存基础和发展导向》一文中，蒋选教授指出，"辽宁大学侧重于各种分析方法的模式，出版了《国民经济学》……，这种尝试或许正是形成本学科共同或相近的研究范围的过程"；《高校招生》杂志执行总编辑郭小川在《300个国家级特色专业任你挑》一文中（载于《中国教育报》2014年4月30日第12版）指出，"辽宁大学的国民经济管理专业堪称同类专业领域里的翘楚"；东北财经大学王雅莉教授、云南民族大学和云教授、中国人民大学顾海兵教授等也有相关评论。

（三）国民经济管理专业教师团队在全国的影响力不断提升

长江学者特聘教授林木西担任国务院学位委员会第六、第七届学科评议组应用经济学组成员，对全国国民经济学学科的建设与发展起到重要的推动作用，对国民经济学学科的理论创新与管理创新提出了许多有影响力的观点。林木西教授担任中国宏观经济管理教育学会副会长，赵德起教授担任副秘书长，张虹教授、果艺教授、杨爱兵副教授、吴云勇教授担任常务理事。辽宁大学与中国人民大学、中央财经大学联合创办刊物《国民经济评论》。教师团队的研究成果30余篇被人大复印资料全文转载，学术影响力不断提升。团队成员多人受邀参加国民经济论坛并做主旨发言，参与编写《国民经济学科发展报告》。

（四）国民经济管理专业不断为其他高校输送优秀毕业生

国民经济管理专业先后有70余名优秀学生赴美国哈佛大学和英国剑桥大学进行国际交流，有10名学生获得剑桥大学教授亲笔签名推荐信，有30名学生进入包括美国哥伦比亚大学、美国布朗大学、美国南加州大学、英国国王学院和英国爱丁堡大学等世界名校攻读研究生，其中，1名学生获得留学基金委学费及生活费的每年75万元全额资助，15名学生免试或考取到北京大学、中国人民大学、武汉大学和南开大学等名校攻读研究生。

第二篇　人才培养模式改革

多学科交叉融合背景下国民经济管理专业人才培养模式

贾占华

本文以国民经济管理专业为例，分析交叉融合型创新人才培养的必要性和存在的问题，并从教学内容、教学方式改革和改革成效三方面展开探究，旨在构建多学科交叉融合、创新型人才的培养模式，具体包括：一是细化国民经济管理专业人才培养定位，构建交叉融合学科课程体系，包括增设提升学生实践能力的课程、建立多学科联合指导机制等；二是设计多元化课堂教学，推进项目、科研反哺教学，包括线上线下混合式教学、学生合作"小课堂"、学术论文比拼、创新创业项目等提升学生的实践能力、科研能力和协同创新能力。

基于此，本文作者在其所讲授的"经济地理学""创意创新创业专题"课程中循序推进改革，初步建立了"以课堂教学为主线—学生活动为辅助—论文项目为补充"的"三位一体，全面渗透"教学模式。

一、国民经济管理学交叉融合型创新人才培养的必要性

（一）学科交叉融合已成为建设创新型国家的必然需要

随着新一轮科技革命的持续发展，不断涌现出新产业、新业态和新

发展模式，给人类的生产、生活带来深刻影响。不同学科的知识、理论、方法、技术、手段的交叉渗透，正发生在广泛的学科领域，人类社会已经步入多学科交叉融合的时代（黄晓燕和殷江滨，2020）。当前，中国特色社会主义进入了一个新的阶段，为了培养高技能人才以满足中国社会经济发展和高质量工程建设的需要，教育部、财政部、国家发展改革委于 2017 年 1 月 24 日印发的《统筹推进世界一流大学和一流学科建设实施办法（暂行）》明确指出，"坚持以学科为基础，支持建设一百个左右学科，着力打造学科领域高峰。支持一批接近或达到世界先进水平的学科，加强建设关系国家安全和重大利益的学科，鼓励新兴学科、交叉学科"。辽宁大学作为国家"双一流"学科建设高校，紧密对接国家战略，引导学科融合发展，培养"宽基础，强应用，重实践"的高层次综合型人才，是学校高等教育改革、加强"双一流"学科建设实力的必然要求。

然而，在高等教育改革的过程中，仍然有较多高校对多学科交叉融合的复合型人才培养存在不足，表现在以下三个方面。一是课程体系设置单一化，根据现有师资力量，以国民经济管理专业为主开设课程，内容缺乏综合性和交叉性。这种模式下培养的人才，专而不全：知识面不够广泛、思维不够活跃，视野不够开阔。二是学生实践能力较弱，虽然对知识的掌握较为深刻，但口头、书面表达能力较差，分析和解决问题能力较差；同时，受实践基地、师资力量和经费保障等方面的限制，实践课程设置较少。三是多学科联合指导机制和考核评价体制不健全。以上问题使大学生在步入社会时竞争力比较低。因此，在专业教学改革中，整合多学科交叉融合，调整并完善学生知识结构，培养综合型、全面型人才成为我国高等教育发展的趋势，也是国民经济管理专业改革的必然方向。因此，面对新的形势，国民经济管理专业的大学生不仅要学习本专业的知识，而且要涉猎和掌握一些其他学科的相关知识，并将之与本专业知识相融合，成为精益求精的综合型人才。通过多学科交叉融合授课，能够从更综合的角度促进学生德、智、体、美全面发展，不仅有利于丰富大学生的视野、活跃思维，激发创新灵感，还可为专业课的学习和未来职业发展奠定坚实的基础。因此，在新形势下，培养具有较强的社会适应能力的综合型、创新型人才，已成为国民经济管理学专业的当务之急。

（二）国民经济管理学具有交叉型和多元化特点

国民经济管理学是管理学、政治学、经济学、法学、社会学、心理学、统计学等多学科交叉的人文学科，是伴随着我国经济社会的不断变迁而逐渐成长起来的，有效吸收了西方经济学和政治经济学的基本理论与研究方法，研究对象、研究方法与研究内容多元化、交叉融合趋势明显，也是最具中国特色的经济学科。作为经济学学科体系的重要组成部分，国民经济学以中国特色社会主义理论为指导，对我国宏观经济运行、管理以及政府经济决策、规划具有重要作用。辽宁大学国民经济管理专业作为国家一流本科专业，在全国具有悠久的历史和深厚的底蕴，如何顺应时代需求，利用经济学和管理学的优势，建立一个综合性与系统性的国民经济学专业本科培养模式，强化与相关学科的融合发展，以培养能创新性解决国民经济发展中出现的社会、经济问题，并为政府提出可行的政策建议的复合创新型人才，应是辽宁大学该专业高等教育改革的重点内容。

多学科交叉融合的复合型人才，能够通过宽广的知识面、开放性思维，创造性地解决本学科及相关学科理论与实践中的问题（潘松，2017）。例如，进一步加强经济学、管理学、地理学、信息科学、资源环境学等学科的交叉融合，使国民经济管理专业设立的出发点是以解决数字经济大发展背景下社会重大的、复杂的问题，目标是培养掌握多元知识，能够熟练运用各种经济分析方法和技术研究国民经济和社会发展中的各种问题并提出可行的规划和政策建议，以实现国民经济持续、协调、健康发展。

二、多学科交叉融合人才培养模式的整体设计和基本原则

在新文科、多学科交叉融合发展战略的指引和要求下，以学生需求、学科发展和实践要求为主线，探讨国民经济管理综合人才培养在课程设置、课堂设计、社会实践、科研反哺方面的教学模式创新，形成符合新文科发展要求且具有国民经济管理特色的综合型人才培养教育新模式，是辽宁大学一流本科专业建设的重要保障。此外，建立科学规范的多学科交叉融合育人运作机制，是高校培养综合型人才的根本保证。其中包括办学思想的导向机制、目标引导机制、教师培训和各种保障机制以及监督、反馈、评价、激励和社会参与机制等。同时，也应该注意学生逻辑思维能力和创新思维能力的培养，如通过案例分析，情境模拟演练展开课堂教学。另外，必须时刻关注学生的反馈，实时调整教学方案，以符合多数学生的需求。具体内容包括以下三方面。

（一）教学内容的改革

1. 明确国管人才培养定位，践行新文科融合发展理念

学科人才定位是提升国民经济管理专业重要准则，也为学科改革提供有效依据。一方面，应该将该专业的具体研究方向进行细化，根据学生喜好有目的、精确化培养特定领域人才。以美国斯坦福大学为例，该校将经济学学科定位分布在经济学的 21 个领域，每个研究方向都相对具体，特别是在理论经济学学科下，学科方向完全根据自身建设需要设计，特色十分鲜明。因此，我们也应该进一步明确细化国管专业人才培养目标，要求学生掌握扎实的现代经济学、管理学理论基础，尤其是经济学定量研究的基本技术；培养学生形成对经济政策和问题的独立思考能力，特别是要具备对国内乃至世界经济的描绘性知识。另一方面，将国民经济管理学科本身具有的综合性、交叉性的特点进一步发挥和扩

大，在课程体系的设计中以新文科对于经管类专业的新要求，引导原有课程体系向文工结合、文农结合的方向拓展，增设能够体现习近平新时代中国特色社会主义思想和提升治国理政理念的综合性课程。为培养学生的综合能力而设置普通公共课程、边缘（交叉）课程、专题（研究）课程、校级选修课程、校级学生能力素质拓展活动项目和综合实践类课程等。

2. 适当增加交叉选修课程，优化国民经济管理学课程体系

课程是教育的核心部分，课程改革是高等教育改革的核心内容。国民经济管理学专业培养方案包括通识教育课、学科基础课、专业主干课、专业课四个课程模块和实践教学环节，主要课程一般包括宏观经济学、微观经济学、会计学、计量经济学、管理学，尤其是注重开设新课，包括国际前沿理论、实践、技术课程，例如大数据、机器学习、R语言、Python建模、随机网络、人工智能应用等，扩大可修课程数量，特别是增加学生可自由选择的、实践性强的通识课程，提高修课的灵活性，使学生根据自己的兴趣爱好和社会的实际需求，形成各有侧重点的专业背景和研究能力。

比如，开设"经济地理学"课程，除了经济地理学的基本理论内容讲解，增加实践操作内容，提升学生地理数据获取处理和分析能力。侧重对学生地理大数据理念的熏陶，从主要地理大数据类型（如移动手机定位数据、公共交通数据、出租车全球定位系统（GPS）轨迹数据、社交媒体数据等地理空间大数据）入手，沿时空数据—城乡规划—地理知识的主线来提升学生的数据分析能力。此外，还会开展坐标系统和投影、数据类型与结构等基础知识，特别是对空间数据获取的基本方法详细介绍，让同学们对沈阳市的国土空间规划、道路分布、商业网点分布有详尽认知，在条件允许的前提下，进行面向特定研究领域下的模型构建、模型运用教学（肖林林等，2017）。

（二）教学形式的改革

1. 充分发挥课程组织者的能动作用，设计多元化课堂教学

在教学层面上，设计多元化课堂教学项目，及时吸取交叉科研的前沿成果以更新教学内容，积极推进交叉教学实践，注重培养学生的交叉思维，强化相关技能的训练，把学生培养成为时代所需要的通识型交叉人才。针对国民经济管理专业能力培养课程，通过丰富专业主干课程的教学方式，运用"雨课堂"强大的视听功能，引进学堂在线多种精品课程资源，通过专题式视频讨论，培养学生学习能力、思辨能力，奠定较强的理论基础。针对实践能力课程，通过模拟或者重现现实生活中的一些场景，让学生把自己熟悉的生活场景纳入研究当中。比如，可以在本专业增设地理学与经济学的交叉课程——经济地理学，通过理论与实践相结合，引领学生对移动手机定位数据、公共交通数据、夜间灯光数据、工业企业数据库等多源数据加以了解，并能获取、编辑处理和分析，从而将经济理论更好地运用于经济现状分析中。此外，采取引导式教学方式，通过提出学习目标、设置问题情境、学生自主学习、学习专题汇报、小组课堂讨论、学习任务拓展及展示评价，构建讨论式、线上线下互动式等教学形式。

2. 致力于学术前沿研究，推动科研反哺教学

充分发挥学校、学院科研资源的优势，利用教师科研课题支持力度大的条件，开设应用科研型课程，培养学生保持怀疑、追求卓越的学习态度，引导学生较早接触科学研究，促使教师将科研成果转化为教学内容，进而激发学生专业学习兴趣，提升学生从事科学研究的能力。利用启发式、鼓励式、自主式的研究性学习方式，开展应用学术研究，加强学生对社会治理的关注度，增加科研反哺教学的广度和深度。同时，不断完善科研反哺教学的机制，保护教师和学生的积极性，鼓励教师以科研项目为主题，辅导学生参加各类竞赛，通过比赛提升教师的教学水平和学生的学习能力。

（三）实践活动的改革

在实践活动方面，构建"问题导向"的多学科交叉融合教学情境，使学生在不断质疑、尝试、谈论与反思等过程中培养发现问题、解决问题的能力。例如，在"经济地理学"课程中，引入沈阳市产业发展的基本情况，如华晨宝马的发展历史，播放视频带领学生了解华晨宝马的自动化生产技术，从区位、经济、文化、信息、环境等方面分析沈阳市发展的兴衰。要求学生运用地图软件搜索沈阳市的商业广场，并通过实地观察，总结空间分布特征，发现一些有趣的结论，运用科学的知识解释日常产生的疑问。此外，在教学模式上构建自主学习、互助探究、团队合作的协同教学模式，对学生进行分层培养。在"创意创新创业"课程中，通过小组汇报和个人陈述等多个角度，考核选拔优秀的小组参加"创新创业"的实训，指导参与具有多学科性质的课题、项目研究。

（四）遵循的基本原则

为了确保课题研究的顺利进行，提出以下三项基本原则。

首先，在学科改革方面，通过整合数据资源及建设多元教学数据库平台，形成一整套新文科理念下的创新型国民经济管理课程体系、课堂项目内容、教育技术与实践活动，为国民经济管理学科进行新文科变革提供理论与实践基础。

其次，在人才培养方面，拓宽思维方式，不再仅仅局限于原来的学科知识体系，从而打造适应新时代中国经济发展趋势与要求，文理交叉、文工结合的国民经济管理学科体系、学术交流平台和综合型国民经济管理人才培养模式的策源地。

最后，在教学模式上，基于国民经济管理综合型人才教学模式的创新，在学校与学院内部，形成一种可实践、受欢迎、可推广的且符合新文科发展要求的教学新模式。侧重于科技发展及应用前沿动态，激发学生思考经济学与其他交叉学科的结合点和可行性，并培养学生学习应用创新科技的自主学习能力。

三、多学科交叉融合人才培养探索实践

（一）方案设计

1. 学科融合发展方案

根据新文科学科融合发展的要求，结合国民经济管理学科的特点，制定学科融合发展方案。国民经济管理学与管理学、政治学、经济学、社会学结合，形成文科发展集群。与理科结合，在大数据管理与应用、人工智能、空间数据处理与分析等方面形成大的突破。最终形成符合新文科发展要求的国民经济管理改革与发展。同时，为协同好各个学科交叉融合发展，在校内学科融合的同时，需要搭建好促进各个学科交流的平台，为综合型人才的培养创造更为宽松的发展环境，包括定期的学科交流论坛、学科融合项目、竞赛比赛项目、实训基地等。

2. 优化课程体系方案

抓住学科融合这一机遇，优化国民经济管理教学内容，引导学生从空间层面、区域层面分析问题，挖掘经济数据背后错综复杂的关系，从而拓宽经济学专业学生的思维方式。在课程安排方面，期望将国民经济管理系的教学课程结构设计为通识课、专业主干课程、学科基础课程、基础交叉课程、综合实践课程、个性化选修课程、自主创新创业等几部分，内容深入国家、区域及城市经济社会的各个领域。在课程内容的设计方面，要突出实践性与实用性教学特点，增加一些具有较强实用性的具体内容。例如，在"微观经济学"课程中，不仅讲授基础理论知识，更注重我国经济现象是否与西方经济学理论相契合，如果相悖，如何解释。即在理论知识的讲解中融入中国特色社会主义的特点分析，学以致用，而不是纸上谈兵。在"管理学"课程中，关注我国相关案例，特别是对新冠疫情冲击下，数字经济激发新业态的兴起加以分析。引入与经济学的交叉课程"经济地理学"，关注企业生产、经营、迁移等数据研究企业行为活动及其对区域或城市生产力空间的作用，并培养学生应用大数据、地理空间数据进行科学问题分析的能力。在"创意创新创业专题"中，借鉴国外名校相关课程大纲和教学模式，在讲授理论知识的基础上，引导学生情境模拟寻找有创意的产品、设计创新创业项目计划书、开展创业者访谈、参加创业比赛。

（二）研究方法

1. 理论与实践的结合法

调研查阅相关文献、资料，借鉴拥有成熟经验的发达国家和我国国管系相关课程设置和改革的情况。采取专题汇报、议题辩论、案例讨论等多种理论知识与实践应用相结合的教学方式，形成理论促进实践发展，实践检验理论可行的局面。

2. 实例访谈法

选取高校经济学院相关专业在校大学生进行深入访谈，以了解他们对于相关课程开设的兴趣和建议。如有可能进行谈话录音，以便真正、全面地分析他们的意见，从而使学科改革更受学生们的喜爱。

3. 试点检验法

根据项目设定的改革内容与实施方案，首先选择一个班级展开试点，重点试行新的课程、课堂项目、教学技术、教学考核体系；其次有重点地增加试点班级的实践教学，评估运行效果，修正不足之处；最后逐步展开推广。

（三）实践过程

为了进一步考察"多学科交叉融合人才培养模式"设计的合理性，以开设的"经济地理学""创意创新创业专题"课程为例进行实践分析。

国民经济管理学专业从宏观、战略的角度来研究国民经济与社会发展问题，并对国民经济与社会的发展做出预测与规划（高昊，2012），势必要求学生熟悉我国国民经济运行规律和特色。因此，为学生新增选修课"经济地理学"（32学时），以地域为单元探究经济活动的区位、空间组合类型和发展过程，培养学生看待经济问题的空间思维。教学主要关注企业生产、经营、迁移等研究企业行为活动及其对区域或城市生产力空间的作用。在教学计划中增加了实践课程（12 学时），针对我国移动手机定位数据、公共交通数据、出租车 GPS 轨迹数据、社交媒体数据等多源数据的获取及编辑处理和分析，提高学生应对海量地理数据的基本能力。在期末考核中，要求学生必须绘制空间可视化地图，并对现实中的国民经济问题展开分析，提出有效的管理途径。从学生提交的作业情况来看，学生普遍掌握了新的数据处理技能，获得较好反响。

"创意创新创业专题"课程，通过借鉴哈佛大学、剑桥大学相关课程的理论知识实践模块，使学生掌握开展创新创业活动所需的基本知识，更好地激发学生的创意，辩证分析创新创业环境、机会和资源，规范学生撰写商业计划书的思维和方法。通过国内外案例分析、小组讨论、头脑风暴等环节，调动学生的积极性、主动性和创造性。在课堂上鼓励学生运用双语汇报项目，各小组间相互点评，并选出优秀的作品指导参加"创青春""挑战杯"以及第八届 CFCC 智慧经济创新创业竞赛等实践项目，均取得了优异的成绩。

四、多学科交叉融合人才培养的基本经验

在较广泛、充分调查研究的基础上，进行教学改革实践，取得了一系列研究成果，并提出以下观点。

1. 提高多学科交叉融合的认识是培养新时代国民经济管理人才的关键

国民经济管理学科具有交叉性和复杂性特点，是国家综合协调国民经济各部门、各地区、社会再生产各环节以及经济、科技、社会、人口、资源、环境之间的关系，以发挥整体功能，提高社会经济效益的重要学科。其学科的交叉性、综合性和复杂性决定了其发展迫切需要多学科的融合与创新，需要紧跟时代的步伐，利用经济学和管理学的学科优势，强化与相关学科的融合发展，提升解决全球区域可持续发展复杂问

题的能力。

2. 构建科学合理的多学科交叉融合课程体系是新时代国民经济管理人才的培养的基础

新时代全面型人才的培养不是学科教育，而是综合教育，全面发展的教育，是以提高人才素质作为主要内容和目的的教育。抓住学科融合这一机遇，优化国民经济管理教学内容，引导学生从空间层面、区域层面分析问题，挖掘经济数据间背后错综复杂的关系，从而拓宽经济学专业学生的思维方式。因此，构建科学合理的应用型人才的培养课程体系必须以专业课的课程内容为依托，使专业教育与应用型人才培养能有机整合。

3. 不断改革教学方法，设计多学科交叉融合的真实学习情境，形成学生自主学习的教学模式

新时代对国民经济管理人才的培养提出新要求，应该贯穿新的教育思想和教育观念，以知识、能力、思维创新协调发展的人才观，培养高质量、多学科综合型人才。因此，对于国民经济管理专业人才培养全过程应该遵循多学科交叉融合、面向时代需要的准则，通过营造真实学习情境，实现以学生为主体，全面创新发展的育人目的。课题组努力采取灵活机动的教学方式，多渠道、多形式开展多学科交叉融合的课程：主要采取第一课堂（教师主讲）和第二课堂（学生主讲）相结合，将大数据分析、人工智能应用、空间统计、空间计量等实践教学环节和专业教育相结合，拓宽学生的知识素养。此外，设计真实情境，让学生充当创业者，向评委展现自己的商业模式、产品策划等，从而锻炼学生的综合素质；开展创新创业项目辅导与讨论课题组，指导学生参与实践活动等，形成"以课堂教学为主线—学生活动为辅助—论文项目为补充"的"三位一体"的教学模式。计划将该教学模式在其他年级也进行全面实施，以不断充实和完善国民经济管理专业多学科交叉人才培养模式。

参考文献

［1］黄晓燕、殷江滨：《基于多学科交叉融合的复合创新型研究生培养模式研究——以人文地理学专业为例》，载《教育现代化》2020 年第 7 期。

［2］中华人民共和国国务院：《国务院关于印发国家教育事业发展"十三五"规划的通知》，中华人民共和国教育部，2017 年 1 月 10 日。

［3］潘松：《关于交叉学科的研究生教育的一点思考》，载《教育教学论坛》2017 年第 5 期。

［4］肖林林，等：《大数据时代对地理信息科学专业研究型人才培养的新要求》，载《教育教学论坛》2017 年第 16 期。

［5］高昊：《对发展国民经济学学科的思考》，载《合作经济与科技》2012 年第 23 期。

新时代东北振兴背景下国民经济管理专业"政产学研"人才培养模式研究

张紫薇

一、问题提出

面临世界百年未有之大变局和中华民族伟大复兴的战略全局,站在现代化建设的新征程上,新时代的东北全面振兴乃至我国宏观经济整体转型升级,将比以往任何时候更加依赖科技创新、更加依赖人才资源。实现新时代东北振兴取得新突破,为国家现代化做更大贡献,高校需要充分发挥作为科技第一生产力、人才培养"摇篮"和创新"孵化器"的关键作用,探索符合时代要求与需要的人才培养改革模式。2017 年中办、国办印发《关于深化教育体制机制改革的意见》,其中明确规定高等学校要把人才培养作为中心工作,全面提高人才培养能力,要健全促进高等教育内涵发展的体制机制,坚持以高水平的科研支撑高质量的人才培养。创新人才培养模式,培养符合时代需要的一流人才已然成为新时代地方高校助力国家现代化建设、区域全面振兴以及高等教育强国建设的重要任务。

"政产学研"人才培养模式是集政府、企业、高等院校和科研院所的多元主体协同育人模式。2018 年 8 月,在新技术的推动、新需求的产生以及新国情的要求下，"新文科"建设提上日程，新技术的出现改变了文科专业的人才培养方式；新需求要求文科专业培养出复合型、应用型人才；新国情促使文科人才服务国家战略需求。随着"新文科"建设进程的不断推进，传统文科人才培养模式已经面临严峻挑战。创新高校人才培养模式，成为时代发展的迫切要求，"政产学研"多元主体人才培养模式应运而生。应用型文科专业的高校在积极探索该模式，但在实践过程中仍面临由于学科差异导致的整合资源、协调利益与完善体系等问题，如何解决上述问题，实现"政产学研"四位一体多元协同育人效果，仍需要开展探索与研究。

国民经济管理专业是我国应用经济学本科专业之一，是最具有中国特色的应用经济学学科，是"新文科"建设改革的"排头兵"。长期以来，我国的国民经济管理专业旨在培养具有扎实的经济学基础理论，熟悉国民经济运行与管理基本规律与实践经验，具备分析和解决经济问题的能力，具有创新创业精神的一流经管类人才。辽宁大学是全国较早设置国民经济计划本科专业的高校之一，也是全国最早提出并率先将"国民经济计划"改为"国民经济管理"专业的高校。辽宁大学"国民经济学"于2002年、2007年连续两届被评为国家重点学科，与中国人民大学、北京大学同为二级学科国家重点学科。辽宁大学国民经济管理专业具有深厚的学科建设和发展史，学科建设水平在全国具有领先地位。辽宁大学国民经济管理专业推进人才培养模式改革必将在全国起到示范引领作用，推动经济学类学科教育教学改革与高水平建设。

本文将基于国内外"政产学研"人才培养模式改革的相关研究分析，提出国民经济管理专业"政产学研"人才培养模式设计框架，以辽宁大学国民经济管理专业学生为对象，以辽宁省教育厅产教融合"双百计划"重点项目为依托，推进"政产学研"人才培养模式改革探索，总结改革经验并提出未来展望。

二、相关研究综述

20 世纪中叶，随着斯坦福大学工业园的设立，产学研合作逐渐向大规模转变，推动科技进步与经济快速发展。国外学者在产学研合作动机、产学研合作模式、产学研合作机制等方面展开了丰富的研究。在此基础上，也有学者开始关注政府参与产学研合作的作用，纳尔逊（Nelso，1993）提出大学以及企业等机构的复合体制是创新行为，国家创新体系的核心是由国家技术政策与学校、企业组合而成的研发体系之间发生的联系和作用。李永（Yong S. Lee，2000）提出影响集群发展的根本因素是政府建设的实验室和支持的产业。柯蒂斯（Curtis，2003）指出，在市场发生失灵问题的时候，政府可以通过宏观调控、产业引导等方式调节经济，同时还可以促进高校的科研发展。

我国"政产学研"协作经历了一个由点到面的发展过程。随着时代的进步，协作模式顺应时代发展需要，也在不断演进。回溯我国"政产学研"合作模式发展演进历程，菅利荣等（2017）认为，我国政府第一次提出产学研协作是在 1986 年提出的合作计划。朱桂龙等（2015）指出，在 20 世纪 90 年代，中国政府在积极推动产学研合作发展的同时，激发了国内学者对"政产学研"的研究兴趣。我国学者对"政产学研"理论机制（尚明彩，2010；郝萍等，2016；王少华，2015）、合作内容（姜健等，2006；林伟连，2013）、合作模式（于响生，2011；李梅芳等，2012）、合作对策（张经强，2006；李道先等，2012）等方面展开了丰富的研究。大多数学者对于"政产学研"体系的研究多立足于"政产学研"合作对区域创新力培育的影响。比如，曹武军等（2015）、刘和东等（2016）、吴洁等（2019）对"政产学研"协同创新的演化博弈进行研究。何春明（2017）指出，"政产学研"协同创新在职能、行为、效益以及合作方面的不同特点，同时分析了"政产学研"协同创新的影响因素。孙健慧等（2017）指出，在初期政府应该积极引导支持和做好监管工作，到了后期，政府的侧重点应由发展中介组织，转变为后勤服务，为企业、大学以及科研院所提供管理、技术和信息等咨询服务。于海宇（2019）认为，伴随着高等教育人才培养机制推进和事业机构改革，必须以不同的合作方式将各主体紧密地联合起来，找到各主体间的利益均衡点，建立风险同担利益共享的合作机制，通过资源和优势在共享与互补的前提下形成战略联盟，形成区域经济发展的强大推动力，"政产学研"协同科技创新才能达到最终目标。

综上所述，国内外学者一直重视"政产学研"合作的研究。国外学者对"政产学研"合作理论、模式和对策的研究较为成熟。与此相比，我国学者关于"政产学研"合作的研究还处于探索阶段，研究多是从宏观层面对"政产学研"合作进行分析，而从微观层面，即针对具体的学科"政产学研"合作的研究仍然较少，如何针对具体情况实施仍有待实践探索和经验总结。

三、国民经济管理专业"政产学研"人才培养模式设计框架

（一）国民经济管理专业"政产学研"人才培养模式内涵

所谓国民经济管理专业"政产学研"人才培养模式（见图1），是以培养国民经济管理专业一流人才为中心目标，各参与主体相互合作、相互协调，发挥各自优势，并且通过建立理论教学与应用研究互动互促的人才培养机制培养一流人才的人才培养模式。在此模式中，地方政府、地方产业与地方高校将以区域经济发展的实际问题为导向，构建多方合作机制，最终达到培养一流人才的目的。

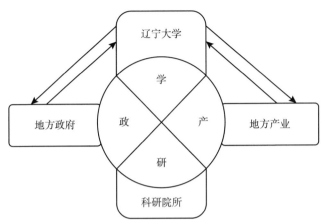

图1 "政产学研"人才培养模式架构

（二）国民经济管理专业"政产学研"人才培养模式构建路径

国民经济管理专业"政产学研"人才培养模式构建路径是以辽宁大学与地方政府、地方产业构建多方合作机制，学校作为核心培养部门，地方政府与地方产业作为联合培养部门共同推进该专业人才的培养。具体包括以下五个方面。

（1）与地方政府部门合作，搭建"政产学研"实训中心，设计多方合作框架。

（2）依托"政产学研"实训中心，以地方政府、地方产业发展需求和实际问题为导向，建立合作研究课题库。

（3）推动学校课程管理制度创新，推进实训课题训练与传统课堂教学互促互动、学分置换。

（4）组织学生以实训中心课题库为载体，开展资料收集、调研、访谈等教学研究。

（5）总结实施经验、优化实施方案，形成可复制、可推广的实施方案。

四、国民经济管理专业"政产学研"人才培养模式实践案例

(一) 案例主题

案例主题为:以产教融合"双百计划"重点项目为依托,助力辽宁省中医药产业传承创新发展。

(二) 案例背景

为贯彻落实辽宁省委、省政府关于做好改造升级"老字号"、深度开发"原字号"、培育壮大"新字号"结构调整"三篇大文章"的决策部署,发挥一流特色学科创新优势,进一步深化产教融合、协同创新,服务支撑数字辽宁、智造强省建设,根据《辽宁省教育厅办公室关于开展 2021 年度产教融合"双百计划"重点项目申报工作的通知》文件要求自主申报,经省教育厅遴选辽宁大学东北振兴研究中心张紫薇副教授负责的"健康产业总部项目"获批 2021 年度产教融合"双百计划"重点项目立项。

(三) 案例特色

本案例与研究生、本科生联合培养基地建设、科技成果转移转化、学生就业创业等紧密融合,联合行业企业,尤其是民营企业开展人才培养和科研攻关,推进产学研用深度融合,聚焦促进高等教育内涵式发展、推动优质资源共享、提高人才培养质量、推进创新创业。

本案例以服务为宗旨,以项目为载体,精准对接需求,集聚优质和特色资源,紧密围绕"惠民生、促发展"两大主题,聚焦实施平台开放、强化协同创新、促进成果转化、推进校地及校企合作,助力结构调整"三篇大文章",提升科技服务能力和智力支持水平。

（四）案例实施

本案例合作对接企业为辽宁行天健药业集团有限公司，该公司于2009年12月17日成立，目前正全力打造以林下参、平地园参种植以及产品研发、生产加工、仓储等全产业链特色现代农业发展模式。2021年10月，该企业入选第七批农业产业化国家重点龙头企业。

本案例于2021年3～11月，开展了实地调研、网络课堂、线上会议等多场"线上+线下"特色活动。

1. 模块一：实地调研——"校政企"齐聚一堂

2021年10月，本项目邀请辽宁省发展和改革委员会有关部门同志共同前往本溪桓仁县与该企业总经理等负责人开展座谈会和实地调研（见图2）。会议期间，省发展和改革委同志向大家介绍、解读了辽宁省近年来促进中医药产业传承创新发展的政策举措，听取了该企业近年来

图2　产教融合"双百计划"重点项目调研图片

资料来源：笔者自行拍摄。

发展取得的成绩及现实困境。此后，"校政企"三方对如何促进辽宁省中医药产业传承创新发展提出了观点和建议。

2. 模块二：网络课堂——与企业家"面对面"

本项目邀请该企业总经理、部门负责同志为辽宁大学应用经济学专业学生开展线上课堂讲授，讲解辽宁人参产业发展基本情况和现实困境，并与学生们交流了企业家责任与家乡情怀，鼓励学生敢闯敢做、刻苦学习、艰苦奋斗。

3. 模块三：线上会议——群策群力谋发展

2021年9～11月，本项目负责人与中心专家及国民经济管理专业学生就如何促进辽宁省中医药产业传承创新发展，开展多次"云端"研讨会，围绕中药材产业数字化转型和人参产业标准化问题形成了两份研究报告。研究成果报送辽宁省相关部门同志，以期进一步推动辽宁省中医药产业由大做强，促进辽宁省中医药强省战略实施。

（五）案例成果

1. 产教融合，协同育人

在组织、指导学生调研、访谈、分析等研究基础上，培养学生分析问题、解决问题以及陈述对策的能力，实现经济理论知识教学与实践应用研究互动互促的人才培养机制。通过完成调研报告，提升学生分析问题、解决问题的应用研究能力，通过与企业家交流、服务地方发展，提升学生的家国情怀和担当意识。

2. "政产学研"模式，共谋发展

集聚政府、学校、科研单位与企业等多方主体，打造"政产学研"模式，发挥辽宁大学国民经济管理专业学科建设优势和辽宁大学东北振兴研究中心智库资源优势，立足新时代东北振兴背景，以服务辽宁省做好"三篇大文章"为目标，形成了以教师为指导、以学生为主体的研究团队，并从数字化和标准化两个角度切入，提出促进辽宁省中医药产业传承创新发展对策，形成了两篇万字以上的深度研究报告《推进辽宁中药材产业数字化转型发展的对策研究》《加快产业标准体系建设，推动我省人参产业由大做强的对策研究》，并据此形成了相应的资政建议两篇，均获得了副省级领导肯定性批示。

五、"政产学研"人才培养模式经验总结与应用前景展望

（1）加强高校与政府、企业间合作，打破科技与经济"两张皮"局面，引导高校与企业间资源交换，高校的创新实践与理论创新有利于企业成长，企业与政府的支持有利于要素与资金流向高校人才培养；高校与政府、企业间的多方合作有利于为人才培养提供模拟创业或实际问题解决场景；政府政策及企业合作的支持有利于高校人才培养的多维扩展。

（2）让学生直接参与到课题的解决中，有利于学生将课上所学的专业知识投入实践中，锻炼人才的科研能力、理论创新能力与实际问题解决能力，培养适应东北振兴社会需求的应用型人才，避免学生"死读书、读死书"造成与社会需求严重脱节的现象发生；依托"政产学研"合作机制建立多方合作研究课题库，以真实问题为人才培养的社会实践课，将书本上的知识立体化、全面化，有利于人才对于实际问题的深刻理解，促进人才的全面发展。

（3）推进学校创新创业实践课程建设，提高现有创新创业实践课程质量，加强课堂师生互动，提高学生课堂主动性与学生课堂参与度；鼓励学生参加创新创业竞赛，培养学生专业知识的实战能力，以实际问题为解决点参与模拟仿真实训活动或创业比赛，发挥课堂与课下教学融合的正面作用；课堂教学增加真实案例分析、国内外经济学热点、国内外时事热点或社会现象及现代国际国内经济学应用或研究成果内容，培养学生扎根现实，分析、思考经济现象、经济问题的主动性与能动性；在教材编写中增加国内外经济热点及经济学研究成果、理论成果等内容，建立教材与实际的连接。

（4）以实训中心题库为载体，有助于培养学生以实际问题为导向的思维；资料的收集、调研等有助于推动学生进行课下阅读，读好书、读经典，有利于提高学生的自学能力，拓展专业知识面；鼓励学生参与实训题库问题解决，以学术论文、学术报告为落脚点，提升学生科研能力，培养适应社会的应用型人才；开展访谈等教学研究过程，有利于提高学生社会调查实践能力，避免学生只善于纸上谈兵，与社会实际需求不适配；以实训中心为依托，开展模拟企业虚拟运营活动，鼓励学生参加仿真创业实践训练，培养真实问题解决能力，人才创新实践培养不能只抓科研能力，只发展一条路线，因材施教，为人才提供不同需求发展路线的培养方案，实训中心题库做到既可以为学生提供科研能力培养，参与课题学习，也可以为学生提供创业能力培养，操作虚拟运营、虚拟交易的实验环境，培养创新创业实践型人才甚至复合型人才。

（5）校内方面，在推进"政产学研"人才培养模式落地实施的同时，一是不断向教师和学生群体征得反馈意见，并不断完善与加强人才培养模式建设。二是建立人才培养评价体系，对于人才创新能力、实践能力、创业能力、理论分析能力、专业知识能力等能力层面进行多维评估，以确定人才培养模式的优势和劣势，并对缺陷处加以整改。三是加强对教师的评估与管理，人才培养的重要因素之一是教师的培养，建立完善的教学管理制度，培养教师对人才能力层面与品德层面的引导能力，完善人才知识人格的全面发展。校外方面，依托政府开展多方合作，建设"政产学研"实训中心，积极与企业展开合作，实现资源与知识的转移交换。以实际问题为导向，引导人才运用所学专业知识参与到企业的实际问题解决中，从"纸上谈兵"到"实战模拟"，尽早适应社会对应用型人才的需求方向。积极听取来自社会多方的意见并对人才培养模式做出调整。在反馈中不断调整"政产学研"人才培养模式，形成可推广的培养方案，在辽宁省乃至东北区域推广应用。

参考文献

［1］孙虎山：《政产学研用合作模式的主体与主导》，载《当代教育科学》

2014 年第 21 期，第 30 ~ 42 页。

[2] 孔凡柱、赵莉：《地方高校推动经济发展的路径和策略研究》，载《经济研究导刊》2016 年第 3 期，第 135 ~ 136 页。

[3] 师帅、张立迎：《独立学院经济学课程"产学研"三位一体实践研究》，载《经济研究导刊》2011 年第 29 期，第 230 ~ 237 页。

[4] 王安国：《政产学研用协同创新模式研究》，载《中国地质教育》2012 年第 4 期，第 40 ~ 43 页。

[5] 宋潇、张红梅：《政产学研用协同视角下独立学院经济学专业人才培养模式的构建》，载《教育观察》2016 年第 12 期，第 14 ~ 15 页。

[6] 龚赞中：《政产学研协同创新的实践与思考——以大连高新区开展"区校一体化"建设为例》，载《〈中国高新区〉理论版》2015 年第 1 期，第 40 ~ 42 页。

[7] 顾伟忠：《产学研合作的经济学理论分析》，载《经济师》2007 年第 8 期，第 12 ~ 13 页。

[8] 孙建竹：《新文科建设背景下旅游管理专业"政产学研"协同育人模式研究》，载《辽宁科技学院学报》2022 年第 24 卷第 5 期，第 35 ~ 37 页。

[9] 唐小艳、谢剑虹：《"政产学研用"协同创新生态系统下高职技术技能人才培养模式改革路径分析》，载《长沙民政职业技术学院学报》2022 年第 29 卷第 3 期，第 66 ~ 69 页。

[10] 宋潇、张红梅：《政产学研用协同视角下独立学院经济学专业人才培养模式的构建》，载《西部素质教育》2016 年第 23 期，第 14 ~ 15 页。

[11] 张协奎、张练：《区域经济学硕士研究生创新能力培养探究——以广西大学为例》，载《高教论坛》2016 年第 1 期，第 4 ~ 7 页。

科学研究支撑"双一流"高校
创新型人才培养的内生系统*

——兼论国民经济管理专业人才培养

吴云勇　孟昕儒

2015 年 11 月，国务院印发《统筹推进世界一流大学和一流学科建设总体方案》，2017 年 1 月，教育部、财政部、国家发展改革委联合印发《统筹推进世界一流大学和一流学科建设实施办法（暂行）》，2018年 8 月，教育部、财政部、国家发展改革委又制定了《关于高等学校加快"双一流"建设的指导意见》。短短的几年时间里，关于"双一流"高校建设发展的方案、办法、意见紧密出台，足以见得国家对"双一流"高校发展的支持力度与建设决心。"双一流"高校在奋力抓住这次机会，力求以科学研究支撑创新型人才培养而受益的同时，面临的问题也不容小觑，盲目模仿、特色发展方向不明晰、争挖"帽子"人才等问题亟须正视与解决。而解决现有问题，促进我国"双一流"高校建设的关键是应厘清当前"双一流"高校建设的内生系统，掌握"双一流"高校建设的运转模式，在科学研究作支撑的前提下培养更多高质量创新型人才。在此基础上，推进"双一流"建设走好内涵式发展道路，

* 本文是辽宁省研究生教育教学改革项目——科学研究提升"双一流"大学研究生培养质量的路径探索与实践（LNYJG2022004）和辽宁省社科联项目——"双一流"建设服务辽宁全面振兴新突破的路径研究（2024lslybhzkt‐06）阶段性成果。

积极主动融入改革开放、中国式现代化建设和民族复兴伟大进程，传承和弘扬中华优秀传统文化，打造具有中国特色、中国风格、中国气派的一流学科。作为国家级全国第一个国民经济管理专业"本科教学工程"地方院校本科综合改革试点专业、辽宁省示范专业、辽宁省第一批综合改革试点专业、辽宁省创新创业教育改革试点专业、辽宁省首批一流本科教育示范专业，辽宁大学"国民经济管理专业"在科学研究支撑"双一流"高校创新型人才培养的内生系统研究方面有必要走在全国前列。

一、"双一流"高校创新型人才培养内生系统的概念与模型建立必要性

"内生系统"是一个组合概念，由"内生"和"系统"两个概念结合而成。"内生"是指靠自身发展，"系统"是指由相互作用相互依赖的若干组成部分结合而成的，具有特定功能的有机整体，而且这个有机整体又是它从属的更大系统的组成部分。"内生系统"是指相互作用、相互依赖的若干组成部分依靠自身发展，结合而成具有特定功能的有机整体，同时又从属于更大系统的组成部分。"双一流"高校创新型人才培养内生系统是指"双一流"高校以科学研究为支撑，"双一流"建设与创新型人才培养相互依赖、相互作用，高校依靠自身多方面发展优势培养不同种类创新型人才的有机整体，同时此整体又是从属于整个教育系统的组成部分。

培养人才是高校的主要职能之一，在"中国式现代化"的时代背景下，如何培养创新型人才对高校建设提出了更高的要求，创新型人才的培养不能是"填鸭式"的知识灌输，也不能是"放养式"的盲目自我幻想，而应是在高校教师的引导下带领学生形成科学研究意识、掌握科学研究方法、进行科学研究实践、养成科学研究的专业习惯、通晓科学研究的重要意义，要确保科学研究贯穿整个培养过程并起到支撑作

用，普通高校如此，"双一流"高校建设更应如此。"双一流"建设在微观层面上看，可以理解为各高校为了实现"双一流"建设而抓紧改革、崛起的机遇；从中观层面上看，是各级政府对高等教育发展的新一轮政策支持，经济发展与高等教育发展实则互惠共利；从宏观层面上看，高等教育加快"双一流"建设是我国建设世界教育强国的政策引领与实际支持。"双一流"建设要建设具有中国特色的世界一流大学和一流学科，要大幅提高中国高等教育质量，培养创新型人才，通过高等教育改革促进中国由人口大国向人才强国转变，实现高精尖人才的培养，进而推动我国综合实力进一步提高。由此可见，"双一流"高校建设不是"单打独斗"，而是我国"双一流"高校创新型人才培养内生系统在综合运转，需要明确系统组成，相互配合以实现我国高等教育发展良性运转。因此，厘清各组成部分之间的关系，建立我国"双一流"高校创新型人才培养内生系统模型很有必要。

二、"双一流"高校创新型人才培养内生系统模型的构建

我国"双一流"高校创新型人才培养内生系统，是在"双一流"高校建设的政策引领下，以创新型人才培养为核心，通过高校自身发展而形成的有机整体。该有机整体主要由三个相互依赖、相互作用的循环体组成：第一环要明确我国"双一流"高校建设、世界一流大学建设、世界一流学科建设三者之间的关系，探索三者如何组成一个相互影响的循环体；第二环要明确组成第一循环的三种高校建设与创新型人才培养之间的关系，了解高校建设与人才培养如何共同作用组成有机整体的第二个循环体；第三环要明确创新型人才培养同创新型教师人才培养、创新型学生人才培养之间的关系，由宏观的创新型人才培养与微观的创新型人才培养组成有机整体的第三个循环体。三个循环体相互关联、相互融合，最终以创新型人才培养为核心，在科学研究的支撑下，依靠各所

高校自身发展共同组成我国"双一流"高校建设有机整体，即我国"双一流"高校创新型人才培养内生系统。

（一）"双一流"高校建设的三种形式共筑有机整体第一环

我国"双一流"高校建设不同于曾经的"985工程"和"211工程"建设，不再是强调单纯的综合性高校的整体评价与建设，而是以学科建设为基础，既注重对世界一流高校的综合性建设，也重视世界一流学科的特色建设，而且这种对入选"双一流"高校建设的综合支持不是一成不变的，而是有时间期限，通过考核进行阶梯式发展，这为全国各类高校提供了光明的发展前景，形成了高校建设的内生动力。虽然在"双一流"高校建设初期也存在一些问题，但是从本质上来说，高校的发展正逢良机。由此，应该注意的是"双一流"高校建设已经不再是发展中追求大而全的综合类高校的"独舞"，更是特色高校通过高水平特色学科发展以点带面逐渐完善自身综合发展的"共舞"。

在高校发展共舞时代，已经跻身世界一流高校的学校应该抓住机会继续冲刺，争取发展成为世界顶尖高校；已经接近世界一流高校的学校应该吸取一流高校的发展经验，结合自身特色发展，力求尽快进入世界一流高校行列；距离世界一流高校还有距离，但在某个或某几个学科领域已经达到世界一流的高校要继续建设好此类学科，借助此基础发展交叉学科，以点带面促进高校向世界一流高校进军；与世界一流高校距离较远，但是拥有接近世界一流学科的某一类或几类在建特色学科的高校，可以进一步集中学校各类资源，促进此类学科向世界一流学科建设方向发展，以达到由世界一流学科建设带动整个学校向世界一流高校方向发展的终极目标；在一段时间内既无可能发展成为世界一流高校，也没有接近世界一流学科的在建的高校，更应结合本地区的经济需求，思考自身的发展特点，逐渐挖掘自身特色，通过综合提升自身的办学能力来为地方发展做出贡献，也为自身发展积累经验，而不应是盲目地以"双一流"建设为目标，降低高等教育资源的利用效率。

以上五类情况为当前双一流高校建设的细致分类，而总体分类可以概括为"世界一流"高校建设和"世界一流"学科建设，归属于两类建设的高校正在共同促进我国"双一流"高校建设。虽然世界一流高校建设的学校往往也在进行世界一流学科建设，但是在分类上却仍需独立，世界一流学科建设是基础，但并非具有世界一流学科建设的高校都可以成为世界一流高校，世界一流学科建设推动世界一流大学建设，世界一流大学建设又促进一流高校的一流学科建设，两类高校又正在共同促进我国"双一流"高校建设向前发展。同时，我国"双一流"高校建设的大背景又促进我国的世界一流大学建设和世界一流学科建设分类发展，三者互为表里、相互作用、相互促进，形成我国双一流高校创新型人才培养内生系统的第一循环体，如图1所示。

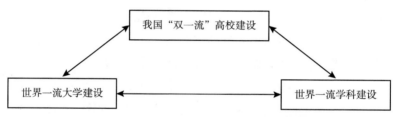

图1 我国"双一流"高校创新型人才培养内生系统的第一环

（二）高校建设与创新型人才培养共筑有机整体第二环

高校建设首要任务就是为国家培养高质量人才，在生产力高度发展的新时代，国家的发展、地区的发展、世界的发展都在以前所未有的速度在不断更新中得以向前，创新型人才成为各地高质量发展的生力军，这就需要高校建设紧抓创新型人才培养，"少年强则国强"。中美贸易战这场没有硝烟的战争，再次警醒我们独立创新、自主研发的重要性，我们需要更多像华为公司这样的民族企业，更需要更多的创新型人才作为国之栋梁，为祖国的伟大复兴贡献自己的力量。因此，厘清"双一流"高校建设、世界一流大学建设、世界一流学科建设与创新型人才培养之间的相互作用、相互依赖关系，有助于高校建设找准自身的改革着力点，通过不断改革而促进创新型人才培养走上一流之路。

《统筹推进世界一流大学和一流学科建设总体方案》中多次提出要培养一流人才,产出一流成果,加快走向世界一流,并在建设任务中单独提到培养拔尖创新人才:"坚持立德树人,突出人才培养的核心地位,着力培养具有历史使命感和社会责任心,富有创新精神和实践能力的各类创新型、应用型、复合型优秀人才。"既然培养创新型人才是"双一流"建设的核心,那么我国的世界一流大学建设、世界一流学科建设,以及两类高校建设共同促进的我国"双一流"高校整体建设均要推进创新型人才培养,而培养创新型人才同时又能推动各类高校建设。创新型人才将进一步促进世界一流高校向世界顶级高校方向发展;进一步促进世界一流学科得以前进,向世界高精尖学科方向发展,并发挥辐射作用促进整个高校向世界一流高校方向发展;在促进两类高校发展的过程中,创新型人才培养已经潜移默化地促进了我国"双一流"高校的整体发展,四者之间分别存在双向的互利共赢作用,从而也共同组成了我国"双一流"高校创新型人才培养内生系统的第二环,如图2所示。

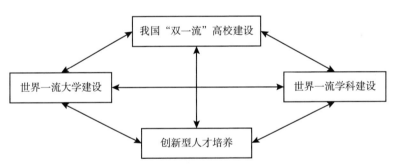

图2 "双一流"高校创新型人才培养内生系统的第二环

(三)宏观、微观创新型人才培养共筑有机整体第三环

创新型人才培养从宏观的角度来看,包括对掌握各领域、各学科专业知识、专业技能且具有创新意识、创新能力、创新行动的人进行深入培养,以期在新时代培养出对学校发展和中国式现代化建设具有卓越贡献的高水平人才。从高校建设中创新型人才培养的微观角度来看,主要

可以划分为两个层面：一是创新型教师人才培养；二是创新型学生人才培养。在大众的眼中，创新型人才培养基本上等同于创新型学生人才培养，这在一定程度上是成立的，学生阶段是人生学习积累的主要阶段，培养创新型人才应主要从学生抓起，而且学校本就是育人之地，担当起培养创新型学生人才的责任，为祖国的繁荣富强贡献力量无可厚非。但是，往往容易被忽略的是创新型学生人才培养需要通过高校教师完成。无论以何种形式，无论属于哪个领域、哪个学科的学生，都需要以教师为媒介方能在学海中找准发展方向，进而通过知识的积淀、自身的探索和时间的打磨，完成从无知懵懂的学生向对社会有用的专业人才转化。"师者，所以传道受业解惑也"。教师在高校建设中的作用众所周知，想要培养优秀的学生，应该先培养优秀的教师。因此，创新型人才培养不只是学生的"专利"，而应同时包括创新型教师人才培养。

我国"双一流"高校建设以创新型人才培养为核心，创新型人才培养实则又包括创新型教师人才培养和创新型学生人才培养两部分，而当两类创新型人才培养取得成果后，同时又会推进高校创新型人才培养的整体发展。这是显而易见的创新型人才培养、创新型教师人才培养与创新型学生人才培养之间相互作用、相互依赖的关系。另外，需要单独说明的是，创新型教师人才培养和创新型学生人才培养之间同样存在双向影响关系。正如前文所述，学生的学习与发展离不开教师的指引，那么应该清醒地认识到，一个自身僵化死板、毫无创新的教师又将如何培养出具有创新精神和创新能力的创新型学生？如果高校建设过程中不能培养出创新型学生，那么在日后高校教师队伍更新增补的过程中，那些走进高校大门拿起"教鞭"的教师是否还会是曾经在高校毕业的并无创新精神和创新能力的学生？即使这些曾经的学生并未加入高校教师队伍，他们走向社会、组建家庭、教育后代是否仍旧缺少活力、缺乏创新？似乎这些问题有些遥远，但是现实中却每天都以不同的表现形式发生。高校中每一位普通教师正在影响着一批又一批高校毕业生，而这些毕业生又一批批地成为高校教师及国家各类岗位中的一员，进而为人父母开展新一轮的家庭教育，加入我国教育发展贡献者的行列。

教师与学生之间从未切断过这种双向互动、互相作用、互相影响的关系。

现实层面上，高校在建设过程中对教师人才的重视程度实则很高，对于创新型教师的肯定也毋庸置疑，但是很多高校对于高校创新型教师的定位多锁定在人才引进这一"一劳永逸"的方式上。从国外引进人才，从国内其他高校"争挖"人才，根据现有研究成果、职位职称等作为引进人才的硬标准，以优厚的待遇吸引五湖四海的优秀教师加入高校建设之中，再以随之而来的整体"科研水平"提升程度申请更多的经费促进高校的发展进步。短时间看这是良策，消耗时间短、见效速度快、成果显著，但是从长远来看，从创新型人才培养的角度来看，对全校学生的培养不可能只依赖引进的少数著名学者就能全部完成，高校中更多的普通教师同样承担很多育人义务。如果高校中多数一线教师看不到自身的提升空间，没有更好的学习发展平台，就容易逐渐降低工作热情，形成怠惰情绪，而且一线教师自身素质提高不上去，必然会潜移默化地影响学生的培养质量。此种情况也极易造成高校师资队伍的不稳定，自身发展由于外部影响因素而遇到瓶颈时，极易促使教师为自身发展选择更适合自己的平台，被"挖走"，这对高校持久性建设来说实属隐患。因此，重视对高校创新型教师人才培养实则与对创新型学生人才培养具有同样作用，此举既有利于学校教师队伍的稳定，又有利于对创新型学生人才的培养。

由此可见，创新型人才培养微观上实则包括创新型教师人才培养和创新型学生人才培养两部分，两部分人才培养过程中又共同促进创新型人才培养的整体发展，同时创新型教师人才培养又能促进创新型学生人才培养，创新型学生人才培养又会在未来以角色转换的形式深远影响创新型教师人才培养，三者相互作用、相互依赖，从而形成创新型人才培养良性循环，也就是我国双一流高校创新型人才培养内生系统的第三环，如图3所示。

图3 我国"双一流"高校创新型人才培养内生系统的第三环

（四）环环相扣筑成"双一流"高校创新型人才培养内生系统

通过以上的层层分析可以发现，我国"双一流"高校创新型人才培养内生系统的第一个循环体与"创新型人才培养"这一重要组成部分共同生成了第二循环体，而"创新型人才培养"与第三循环体又存在着密切的相互关联，显然"创新型人才培养"成为三个循环体的组建核心。将三个循环体进行整合，环环相扣的我国"双一流"高校创新型人才培养内生系统架构即已成型。我国"双一流"高校建设、世界一流高校建设、世界一流学科建设在相互作用、相互依赖的前提下，又分别与创新型人才培养形成相互影响，创新型人才培养又与创新型教师人才培养和创新型学生人才培养之间具有重要的相互关联，在高校自身努力建设的过程中，三个循环体相互作用、相互依赖，共同形成了以"创新型人才培养"为核心的我国"双一流"高校创新型人才培养内生系统。而内生系统的正常运行需要落到实处，最终就要落在人才培养实体之上，创新型教师人才培养实体可以（但不限于）包括科研型教师、教学型教师、企业型教师的创新型培养，三类教师可以相互独立培养，也可以根据高校发展实际情况而综合培养；创新型学生人才培养实体则应明确划分不同阶段，本科学生、硕士研究生、博士研究生的创新型培养各有侧重，各类学生处于不同的发展阶段，需要遵循不同发展规律，具有针对性地完成创新型学生人才的培养。由于培养实体是第三循环体的重要组成部分，因此也从属于我国"双一流"高校创新型人才培养内生系统，如图4所示。

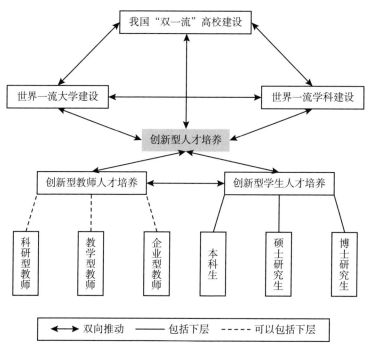

图4　我国"双一流"高校创新型人才培养的内生系统

三、内生系统模型在"双一流"高校创新型人才培养中的践行方略

我国"双一流"高校建设相关文件出台之后，受到了社会各界的广泛关注，相关研究也陆续展开，多数研究的终极目的为探索如何推进我国"双一流"高校建设，进而促进我国高等教育更好、更快地向世界一流发展。我国"双一流"高校创新型人才培养内生系统模型的建立，实则梳理了我国"双一流"高校建设过程中，建设主体、建设目标和建设客体之间的相互关系，多个组成部分之间既存在相互依存的顺承发展关系，也存在顺逆共生的相互影响关系。组成内生系统的三个循环体，可以组成一个内生系统来宏观把握我国"双一流"高校创新型

人才培养的各方发展状态，也可以在微观角度对每个循环体，或每个循环体中的组成部分与其他循环体中的组成部分共同组成的具有针对性的有机整体进行深入研究，从而得出具有针对性、实用性的建设方案。内生系统模型的构建对于我国"双一流"高校建设意义重大，目前，应该重点从以下四个方面完成其建构方略：明确高校发展定位以综合提升各类高校建设水平、围绕"双一流"高校建设核心制定实施方案、依据师生不同需求形成创新型人才培养多重路径、合理利用环环相扣的关系促进内生系统完成良性循环。

（一）明确高校发展定位综合提升各类高校建设水平

不同高校所处的地理位置、历史沿革、政策扶持、资金来源与科研成果和人才特色各不相同，因此很难"一刀切"式地为所选择的发展路径提供"模板式"的指导，简单地模仿并不能促进各类高校提升自身建设水平。虽然我国"双一流"高校建设是全国各类高校共同的发展目标，但是发展过程却需要认真地审视高校自身的"综合素质"与"特色所在"，实事求是地为自身发展进行定位，从而真正地提高高校建设水平与发展质量。内生系统的第一循环体即是高校不同发展定位的实际体现。"双一流"高校建设名单已经公布，名单中的高校是否已经认清了自己的定位，世界一流高校建设的学校是否能够在以世界一流学科建设为基础而整体推进学校向世界顶尖高校方向发展，世界一流学科建设高校所选择的一流建设学科是否符合学校各项发展的推进规律，是否真正是学校最有特色、最接近世界一流学科建设标准的学科仍存在一定的不确定性，消除这些不确定性需要高校深入明确自身的发展定位来逐一实现。由内生系统第一循环体的组成不难看出，世界一流高校建设和世界一流学科建设都是为了促进我国"双一流"高校建设，同时也享受着因此带来的各项利好，但如果不能明确自身的发展定位，单纯地以建设世界一流高校为终极奋斗目标，忽略学科建设的基础作用，将很难真正高效率地提升不同类别高校建设的整体水平。另外，尚未列入"双一流"高校建设名单的学校，更应结合内生系统的组成认真反思自身的发展水平与发展特色，有的放矢地向离自己最近的一流目标迈进，改变"大而全但不精"的发展格局，根植于高校自身的发展土壤，以特色学科建设为基础、以点带面逐渐推动自身提高建设水平，向"双一流"建设方向迈进。明确高校发展定位是高校建设的前提，内生系统模型的建立为促进高校明确自身发展定位提供了一定的引导与便利。

（二）围绕我国"双一流"高校建设核心制定实施方案

我国"双一流"高校创新型人才培养的内生系统模型建立后，可以清晰地发现我国"双一流"高校建设是以"培养创新型人才"为核心的，那么在"双一流"高校建设过程中，以如何培养创新型人才为核心来制定高校建设实施方案尤为重要。"创新"虽然只有短短两个字，但是挖掘人的创新能力、培养创新型人才却并不容易。由内生系统模型可以看出，创新型人才培养在高校建设过程中主要包括教师创新型人才培养和学生创新型人才培养两个部分，学校可以根据不同群体的不同特点，有针对性地制定特色化实施方案。在明确高校自身发展定位的基础上，坚持以科学研究作为支撑，制定科学的创新型人才培养实施方案，并在方案实施过程中进行阶段性考评与总结展望，及时发现实施方案中存在的问题，并结合影响高校发展的各项因素，得出改进结论，不断完善实施方案，从而培养出更多优秀的创新型人才，通过创新型人才的培养来整体推进高校的发展步伐。如果全国各类高校均能以培养创新型人才为核心制定适合本校发展的系统性实施方案，并经过实际实施而不断反思、改进，最后形成本校可沿用的特色人才培养方案，将会整体推进我国"双一流"高校向前发展，也可以为已经进入我国"双一流"高校建设名单和尚未进入名单的高校提供不同的发展借鉴案例。真实通过高校努力探索出的案例与经验往往比单纯的理论指导更有价值和可操作性，建立"双一流"高校创新型人才培养案例库值得期待。

（三）依据师生不同需求找到创新型人才培养路径

高校在明确自身发展定位之后，均需以培养创新型人才为己任，推动我国"双一流"高校建设。培养创新型人才需要落实在实体上，在我国"双一流"高校创新型人才培养的内生系统模型中可以发现，创新型人才培养主要为培养教师和学生，而不同类别的教师和不同类别的学生在创新型人才培养过程中需要差别对待。

首先，对于创新型教师人才培养来说，科研型教师要以科研创新为主要突破点，学校应为教师的科研工作提供更为完善的学习与实验平台，鼓励教师不断扩大知识面，拓宽视野，以期有更多创新型成果产出；教学型教师应以教学为主要工作，知识储备是基础，同时思维模式、表达水平、授课方法等方面的能力也要持续创新，他们与学生的直接沟通相对较多，多进行言传身教，探索有效路径将此类教师培养成创新型人才，可以起到榜样作用，潜移默化地培养出更多创新型学生；企业型教师是高校需要重视的一个群体，引进企业型教师，培养他们将企业最新的需求和收获与学生适度分享，并通过科学研究来带领学生共同思考、解决问题，可以更为直接地培养创新型、实用型人才。以上三类创新型教师人才培养并非完全独立，可以在探索创新型教师人才培养路径时适度交叉。因为，高校是人才的聚集地，高校教师除了培养学生，同样肩负着做好教学研究和科学研究的历史使命，当然这并不是提倡完全割裂科研和教学之间的关系，而是要根据教师的个人喜好、个人能力、个人精力来有所侧重地进行培养，充分发挥不同类型教师的优势，从而促进创新型人才培养的整体发展。

其次，对于创新型学生人才培养来说，本科生、硕士研究生和博士研究生需要明确地选择不同的培养路径，因为不同阶段的学生有着不同的培养目标，不可同日而语。本科生正处于专业知识积累的基础时期，此期间学生培养需要以专业基础知识学习为主，在熟悉本专业核心知识的基础上，拓宽自己的视野，同时掌握科学的学习方法，培养问题意识、科研意识、创新意识，在教师的指导下不断提升自己的学习能力和实践能力，在知识积累和不断追问、思考、解决问题的过程中提升自己的综合能力。硕士研究生已经经历过前期的知识积累，正是增进创新意识、培养创新精神、提高创新能力的关键时期，不同学科可能侧重各有不同，但无论是思辨探索、实证研究、实验研究还是其他形式的研究，硕士阶段对于培养学生独立思考的能力以及训练学生如何在本专业中进行创新研究与专业训练都很重要，在此阶段需要导师多加引导，在科研实践中培养创新型学生人才。博士研究生已经具有较为丰富的知识储备，同时具备在硕士研究生阶段积累的科研能力，博士阶段主要是高精尖创新型人才的培养阶段，此阶段的学生更需要对本专业进行深入研究，而且要选择某一领域进行独创性的系统研究，这个阶段更加困难，同时也是高水平创新型人才的集结地，如何引导学生真正找到自己的兴趣点，并将其作为一生的研究对象，进行持久而精深的探索更为重要，持之以恒地积累和思考更容易产出高水平的创新成果，对博士研究生的培养需要在引导、鼓励学生突破科研瓶颈的基础上探索培养路径，培养高水平创新型人才。

通过以上分析可以看出，内生系统中创新型人才培养的实体分为多种，同时也具有不同的需求，根据不同的需求来探索相应的培养路径可以恰到好处地提升培养效果，培养出不同类型的创新型人才，同时进一步作用于我国"双一流"高校建设，促进内生系统良性发展，提高我国高等教育的国际竞争力，形成具有中国特色的高级人才储备库。

（四）合理利用环环相扣的关系促进内生系统完成良性循环发展

我国"双一流"高校创新型人才培养内生系统是由三个循环体环环相扣组合而成，三个循环体及各个循环体组成部分之间均存在着相互依赖、相互作用的关系。高校建设过程中，如能做到目标明确、策略得法，将有利于整个内生系统朝向良性循环发展；如若在高校建设过程中，毫无依据、随意组合将会不同程度地促使内生系统向恶性循环方向发展，不利于我国高等教育的整体发展。具体来看，内生系统的组成实体是我国众多的高等学校，不同的学校定位不同，认清自身在"双一流"高校建设背景下所处的建设阶段，选好合适的发展目标，并据此选择相应的方式培养创新型人才，以培养创新型教师人才和创新型学生人才为建设基础，进而促使学校脚踏实地地接近自己的发展目标，选择属于自己的特色发展路径，方可形成良性循环。

综上所述，"内生系统"模型的建立是辽宁大学国民经济管理专业多年实践经验的总结，该系统模型有助于学校厘清发展方向，找准办学特色，并将高校建设落实到创新型人才培养的实体之上，有助于高校远离盲目模仿之风，在充分认识自己的基础上开辟属于自己的发展舞台，在科学研究的支撑之下形成高校自身发展的良性循环。不仅高校个体发展如此，我国高校整体发展建设也是如此，每一个高校个体如果都能找到自身的发展方向，整体的高校建设质量自然会随之提升。组成内生系统的各个循环体和组成循环体的部分明确之后，具体的实施办法、发展路径自然更容易逐一突破，研究也会更有针对性，对于得出具有指导作用、实用性强的研究成果也将起到一定的推动作用，有利于在科学研究和实践两个层面上推动我国"双一流"高校建设。

参考文献

[1]《全面提高人才培养能力　提升高等教育整体水平——教育部学位管理与研究生教育司负责人就〈关于高等学校加快"双一流"建设的指导意见〉答记者问》，中华人民共和国教育部政府门户网站，2018 年 8 月 27 日，http：//www. moe. gov. cn/jyb_xwfb/s271/201808/t20180824_346059. html。

[2] 钱学森：《论宏观建筑与微观建筑》，杭州出版社 2001 年版。

[3]《统筹推进世界一流大学和一流学科建设总体方案》，中华人民共和国中央人民政府网站，2015 年 11 月 05 日，http：//www. gov. cn/zhengce/content/2015 - 11/05/content_10269. htm。

[4] 余旺科：《"双一流"背景下高校教师队伍建设探究》，载《教育教学论坛》2019 年第 8 期，第 50～51 页。

[5] 李立国：《"双一流"高校的内涵式发展道路》，载《国家教育行政学院学报》2018 年第 9 期，第 14～19 页。

第三篇　课程建设

在线开放课程"国民经济管理学"的线上教学特色

杨爱兵

"国民经济管理学"是辽宁大学国家一流学科试点专业国民经济管理专业的主干课,是由经济学院国民经济管理系杨爱兵老师担任团队负责人的在线开放课程。该课程于 2019 年底在学堂在线平台上线,2020年春季学期开始在经济学院国民经济管理专业、经济统计专业和全校通识课的线上教学中应用,2020 年被评为辽宁省线上一流本科课程。

一、课程体系的特色:以学生为中心,贯彻"三位一体"的教育理念

在课程体系的设计中,为了更好地体现我国国民经济管理的特色,让学生们更好地掌握国民经济管理基础理论,提高学生们理论联系实际、分析和解决我国国民经济领域中各种问题的能力,课程团队在学科带头人、国家级教学名师林木西教授的指导下,遵循"两性一度"(即高阶性、创新性和挑战度)的金课标准,贯彻价值塑造、能力培养、知识传授"三位一体"的教育理念,经过认真细致的构思筛选和对知识点的推敲打磨,最终确定的课程体系共设置 12 章 53 讲,主要包括国民经济管理学的研究对象与方法;国民经济管理目标、国民经济发展战略

与规划；国民经济监测预警与宏观调控；国民经济运行的总体分析和国民经济运行中的需求管理、供给管理、对外贸易管理、区域经济管理以及产业结构调整优化等一系列重要问题。

二、课程内容的特色：课程思政为引领，真实经济问题为导向

课程团队深度挖掘国民经济管理学知识体系中所蕴含的思想价值和精神内涵，将课程思政元素润物细无声地融入相关知识点中，让学生们入耳、入脑、入心，培养家国情怀和责任意识。真实经济问题具有高阶性和挑战度，学生要学会探究经济现象背后的深层次原因，能够用专业知识解决国民经济领域现实问题。例如思政专题讨论"结合国民经济管理的终极目标（以人民为中心）研读党的十九届四中全会精神"；真实经济问题专题讨论"东北国企改革的难点及对策"。

三、教学方法的特色：重视与学生的交流互动，激发学习兴趣

为保证学生的学习体验，提高学生的参与度与学习兴趣，课程团队在公告区、讨论区结合课程内容和社会热点发布讨论题。例如，我国2020年的国内生产总值（GDP）增长率为2.2%（修正后数据），是全球主要经济体中唯一正增长的国家，请分析原因；分析新冠疫情对我国国民经济发展的影响，对哪些行业的影响较大（正反两方面举例说明）；请结合"十四五"规划谈一谈实施制造强国战略的难点与重点，等等。老师对学生的回答及时给予点评，与学生积极互动。例如，2020年秋季学期，教师发帖总数319次，论坛发帖回复率100%，置顶精华帖子数十篇；讨论区参与规模154人，超过了90.55%的同平台课程。

同时，课程团队经常更新平台上的教学和学术资源，并把学生中优秀的团队作品，如"疫情影响下的实体经济及未来发展""我国新型城镇化建设进程及案例分析""数字经济　辽宁新动能""'十四五'时期畅通国民经济循环""绿色经济发展探讨"等；优秀的个人作品，如"中国科技创新政策体系与展望""数字经济与实体经济融合""建党百年工业建设成就""好书推介《结构性改革》《置身事内》""发展文化产业　增强文化自信""区块链技术底层逻辑科普与经济领域应用分析"等推送到学堂在线平台上，供2万余名学员观看与学习，极大地激发了学生的学习兴趣和进取精神。

四、教学模式的特色：智慧教室，实现信息技术与教育教学的深度融合

该课程率先在辽宁大学新建成的智慧教室授课，信息岛、讨论墙、多屏互动等信息技术的应用（见图1），使问题式学习（Problem – Based Learning）、项目式学习（Project – Based Learning）和小组合作式学习（Team – Based Learning）等教学模式能够很好地开展，充分实现师生、学生互动，翻转课堂效果突出，促进线上线下混合式教学改革，受到学生们的喜爱和高度好评。

五、考核方式的特色：在线开放课程助力形成性评价考试改革

该课程考核方式采用"课前线上自主观看视频预习＋小组探究→课堂教师讲授与答疑＋翻转课堂→课后线上自主复习＋线上单元测试题＋讨论区交流"的全过程互动模式，有效地提高了学生主动学习的积极性，上述过程也是构成形成性评价的主要元素。其中，课前线上自主观

看视频预习、课后线上单元测试、讨论区发回帖等占到总成绩的30%。

图1　教师讲授与小组探究

资料来源：作者自行拍摄。

从2019年12月31日上线到2021年秋季学期结束，随着课程的不断完善和推广，累计选课人数达到2.4万余人，覆盖全国33个省级行政单位。考虑到在线开放课程的特殊性，社会学习者主要是利用碎片化时间进行在线学习的特点，紧密结合课程定位与内容，重视形成性评价，将每讲测试题、思政专题讨论、讨论区发回帖及期末考试等多种形式结合，鼓励学生在观看视频的基础上进行扩展学习与应用，课程得到社会学员们的认可与好评。今后课程内容要与时俱进并持续更新，包括教学资源、优秀学员作业和经济数据的更新，同时进一步加强基于线上的互动和线下的交流。

"区域经济学"研究型教学模式改革

谭　啸

一、研究的意义

基于对"研究型教学模式"的探索，以"区域经济学"课程为蓝本，通过整合教学资源和内容，引入研究型课堂学习模式等对传统的教学模式进行改革，以期帮助学生在学习理论知识的同时，提升自身发现问题、分析问题和解决问题的能力，不仅实现理论知识的积累，也能够使学生较好地在实践中运用所学，达到学以致用的良好效果。本文研究的具体目标包括：（1）将问题研讨、小组讨论等研究型教学方式引入课程教学环节中，构建起"学习＋研究"型的教学体系；（2）整合已有教学内容，打破书中知识结构，以提升研究能力为导向，以理论传承和理论实践为脉络重新梳理教学内容；（3）改革考核模式，将以书本知识考核的方式转变为以"知识＋能力"的综合考核模式，鼓励学生多思考、多研讨。

（一）研究意义

区别于传统的教学模式，研究型教学模式更加注重对学生创新能力和良好思维习惯的培养，将课程理论知识、问题研究能力和实践能力有机地结合在一起，提升课堂教学的质量和效率。因此，以研究型教学模式为代表的新型教学模式的探究和推广将有利于提高高校教学质量，提升学生的实践能力。

"区域经济学"作为应用经济学下设的二级学科，主要研究经济活动空间布局、区域经济协调和区域决策等问题。近年来，随着经济活动空间自组织行为在经济发展中的作用越来越受到广泛重视，"区域经济学"的理论和实证不断得到丰富，也使对丰富区域经济学的教学内容和方法的需求越来越多。因此，探寻"区域经济学"新的教学模式，将区域经济理论与实证研究相结合成为区域经济学课程教学未来发展的主流方向，也是本文研究的核心问题。

（二）研究型教学改革的必要性

区别于基础教育阶段的知识传授，高等教育的教学目标是培养符合社会发展需求的创新型人才和复合型人才。当前，随着研究生招生比率的不断提升，对于本科教学阶段的教学要求也在不断拓展，需要通过本科教学为学生建立良好理论基础的同时，也要帮助学生提升自我学习和研究问题的能力，以适应研究生阶段学习的需要，实现本科阶段与研究生阶段的良好对接。从这一角度出发，将本科教学向研究型教学转变是势在必行的，也是提升学生学习与实践能力的必由之路。

当前，研究型教学模式还处于不断探索和改进阶段，有诸如教学方法、教学模式、课程内容等诸多方面需要深入研究和论证。因此，对于研究型教学模式的探索是必不可少的。此外，针对不同的课程类型和授课内容，应采用的教学模式也存在着一定的差异，因此需要结合不同学科特点进行多元化的研究和改革。

二、课程设计

（一）改革思路

旨在实现教学思路上四个方面的突破：第一，打造以现实问题为导向的课程教学体系，将当前热点经济问题和国家发展战略，与区域经济学授课内容相融合，启发学生运用所学理论分析和解决现实问题；第二，以提高学生自发学习和研究问题能力为目的改进教学方式，尝试采用课堂讨论、学生发问等方式传授课程相关知识，引导学生养成思考、分析和解决问题的自我思维习惯；第三，以综合能力考核为核心完善现有的课程考核体系，转变传统以试卷成绩为主的考核模式，通过课堂上提问、讨论等表现，在考核中增加研究和学习能力考核部分，提高课程考核的科学性；第四，总结以上课程改革思路实践的效果和问题，形成课程教学改革方案，并在类似课程中进行推广，以通过研究型教学模式对学生能力的培养。

（二）技术路线

在具体实施过程中基本按照预期的技术路线（见图1）实施，从课前准备，到授课过程，再到课后总结都在传统授课方式上进行了调整和改进。从授课情况的反馈和学生成绩情况来看，本课程的技术路线具有较好的科学性和可行性，能够很好地激发学生的学习兴趣，提升学生自主学习能力和创新能力。

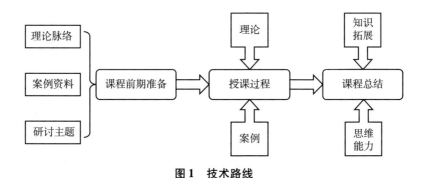

图1　技术路线

（三）研究方法

根据项目研究需要，本课题拟采用两种研究方法。

1. 案例分析法

在案例教学和研讨过程中，通过变换分组结构、案例主题和考核方式等，对不同结果进行比较，总结和分析各种方式方法的教学效果和优缺点，并最终形成一套成熟有效的区域经济学研究型教学模式。实证检验的结果证明，实例分析法是一种行之有效的教学方法，能在一定程度上将理论知识和经济发展实际情况、国家发展战略等有机联系在一起，能帮助学生在学习过程中实现学以致用。

2. 数据分析法

在整个课程的讲授过程中，为学生提供大量的数据资料和数据分析及讲解，帮助学生们掌握数据分析的实证分析模式。同时，也要求学生收集相关的经济数据对主要区域理论进行验证，提高学生在经济分析中运用大数据的能力。从结果来看，该方法既能帮助学生将所学理论知识融会贯通，又能培养学生对实证问题分析研究的能力，达到了项目预期效果。

三、课程设计

1. 课时量分配

"区域经济学"课程总计 48 授课学时，课程教材总计 10 章 32 节，结合教材内容和课程改革具体思路，将课程内容做如下分配：（1）教材内容和相关理论知识讲授总计 32 学时，其中每章结束后提供授课内容相关的经济问题实例和数据，并带领学生分析和研究经济现象和数据背后深层次的区域经济学原理，加深学生对课程内容的理解；（2）用 16 学时进行课堂讨论和学生发言，依据国内外重要经济事件或当前国家重大经济战略来设定研究讨论的题目，总计 8 个，引导和启发学生以小组的形式对该题目进行深入的研究和分析，并在课上进行发言，同时由其他组针对问题进行讨论，每次研讨总计 2 学时；（3）以教材所讲授内容为主题思想，推荐相关内容的教学视频和参考书籍，让学生在课后进行阅读，并完成读书笔记，预计每周学生课下阅读总计 4~5 学时，读书笔记优劣纳入最终成绩考核中。

2. 课堂讨论

本阶段的课程设计分为四个基本流程，以学生为主体进行。具体流程有：（1）由教学团队根据教材中所讲授重点内容，对国内外重要经济事件和国内重大经济战略进行筛选，并设定实证题目，下发给各个学生研讨小组。学生研讨小组由 3~4 名学生组成，在接受研讨题目后收集资料，并对问题进行分析和研讨，在组内进行分工和发言资料的准备。（2）此阶段以学生发言为主，运用上一阶段所收集整理的资料，学生研讨小组需要由 1~2 位同学对研讨题目进行发言，运用 PPT、视频等教学手段展示出对所选研究题目的分析和理解。这一阶段主要是培养学生对问题的理解能力、对所学理论知识的运用能力以及团队协作能力。（3）此阶段由授课教师引领全班同学在研讨小组成员发言内容基础上，进行集体讨论，既是对实证问题的进一步学习和深化，也是对分析问题能力的提升。（4）此阶段是由同学对研讨小组所论述问题进行提问，并由老师对论述问题进行评述和补充。这一阶段的关键作用在于加深研讨组对问题的理解，也是对之前问题的查缺补漏，有利于学生对所学知识和问题分析的查缺补漏。

3. 课程资料选择

本课程辅助教学的资料主要采用三种形式，即视频资料、书籍资料和复印资料。视频资料和书籍资料主要用于课程教学和课后知识拓展，加深学生对课程内容的理解和思考。复印资料主要用于学生集体讨论和分析问题，以此为学生提供书本以外丰富的学习资料、构建起良好的知识架构。课程资料内容选择以国内外前沿区域经济理论、重要经济案例和国家重大战略决策为主体，配以相关理论、案例的专家评述。

4. 成绩考核设计

成绩考核是基于教学目的和教学内容而设计。研究型教学模式的核心目标是提升学生自我学习和实践的能力，因此，本项目将区域经济学课程的成绩考核设计分为三个部分：（1）理论知识考核部分。此部分是为了考核学生对老师课堂讲授的理论知识的理解和掌握情况，因此主要是以试卷考核的形式，考试题目的设计主要来自教材和相关教学资料。（2）实践能力考核部分。此部分是为了考核学生对老师给定的经济问题进行分析的能力，是最能够体现研究型教学的关键部分。这一部分以随堂考核为主，考核的关键点在于学生对经济问题分析能力和理论联系实际能力，根据之前的设计内容，此部分成绩以研究小组内平均分的形式进行考核。（3）自我学习能力考核部分。此部分根据课程内容和课程进展情况，要求学生在课后完成相关书籍和材料的阅读，并根据所做的阅读笔记进行评分。评分依据学生完成阅读的数量和读书笔记的质量，目的是提升学生自主学习能力和提升学生阅读量。

四、改革内容

（一）基础理论讲授

对于基础理论的讲授是研究型教学模式的重要基础和组成部分。在项目实施过程中，课程的课堂讲授方式摒弃传统的"灌输式"教学和"应试式"教学，把学生对于理论知识的学习方式从"死记硬背"和"只记不用"中解放出来，充分调动学生的积极性，以理论发展脉络、理论在实际中的应用价值，以及理论的批判式教学为主要内容。具体改革内容如下：（1）重新整合书中区域经济理论的讲解顺序，以时间和经济思想发展变化为轴，将区域经济理论按照完整的体系和脉络进行讲授，突出理论的衍生和变化过程，让学生对经济理论的产生形成一个完整的体系，引导学生逐步建立起经济学思维模式。（2）将区域经济理论与时代背景、所处地域环境等要素结合，既说明理论如何从实践中抽象而来，又详细说明理论如何应用到实践中。这一过程中围绕教材所讲核心内容，在课堂讲授时引入了大量相关书籍和资料，拓展学生的知识面。

（二）多维教学模式

对于研究型教学模式来说，多种教学手段和设备的使用是提高教学质量和学生学习效率的重要基础，因此授课过程中充分利用了多种教学资源和设备，丰富课堂教学方式和课后拓展学习研究的模式。具体改革内容如下：（1）在课堂授课过程中，引入视频教学、"互联网＋"教学、经典读物教学等模式，从效果上看，这一模式不仅提升了学生们的学习兴趣，也丰富了课堂教学内容。以视频教学为例，笔者在授课过程中播放了国内外优秀的教学视频、经济形势分析和讲解视频等。（2）在课后，要求学生拓展阅读跨学科资料和书籍，不仅使学生对书上已有经济学理论有了新看法和新思维，也将其他学科中有价值的内容吸收到区域经济学学习内容中。多维教学模式强化了学生对于学习内容的认知和接受能力，增强了学生的学习兴趣，激发了学生的创新思维，从效果上看达到了项目预期目的。

（三）案例教学和研讨

案例教学是提升学生对已学习理论理解和应用能力的重要方法，是研究型教学模式中必不可少的重要环节。区域经济学本身是一门实践性和应用性很强的学科，也是一门广泛涉猎其他经济学科的课程，在国内外经济发展过程中都有着丰富的素材，因此，笔者在日常教学中增加案例教学的比重，组织学生对区域经济经典案例进行讨论和分析，具体内容如下：（1）通过对当前经济形势和经济热点的总结归纳，结合区域经济基本理论，提出有价值的案例，由学生采用分组讨论的方式对案例进行分析和总结，进行陈述和答辩；（2）由学生根据学习的相关理论，结合国内外实事，提出问题；由任课教师在问题中选择有价值的问题进行讨论分析。案例教学和研讨的方式充分调动了学生学习的积极性和主动性，也增加了学习过程中的趣味性，提高了教学效率，而且锻炼了学生对所学知识创新思考的能力。

（四）成绩考核模式

考核制度是对教学改革成果进行检验的关键性步骤，要实施研究型教学模式就必须改革现有的区域经济学课程考核模式。考核的核心内容在于对学生知识掌握程度和研究问题能力的考核。因此本文提出，应对区域经济学课程的应试考核方式做出调整，采用多频次、综合性的成绩考核制度，将考核的重点从知识记忆转移到学生对理论知识的运用上，将课堂研讨和论文成绩比重设定为30%，并将其中5%的成绩设定为研讨小组整体表现成绩。同时，在考试题目选取中，将理论与现实经济形势和热点联系在一起，这样既能有效考核学生基础理论水平，也能够加强学生对理论的理解和应用。通过发挥成绩考核的导向作用，启发学生的发散思维，帮助学生关注国内外经济热点问题，并深入思考和研究，最终养成自主学习研究的习惯。

（五）新型教学团队建设

本项目在研究实践中重视新型的、研究型的团队建设，结合本课程的特点和改革要求，组建了由本学科多位教授、副教授和讲师组成的教师梯队，其职责主要包括三个方面：（1）教授负责课程内容和研究问题的设计与把关，副教授负责对教学模式和考核体系的评估，讲师负责课程教学资料的收集和具体授课过程；（2）通过构建新型教学团队来提升本门课程教学内容的深度和实践价值，为课程的教学积累教材以外丰富的课程资料和教学经验，便于本课程研究型教学模式的完善和推广；（3）发挥教师梯队"传帮带"的传统优势，在课程的改进和教学中实现知识和教学方法的传承，在教学模式传承中实现教学内容和方式的改进，以期在未来的教学中，加强对本门课程学生理论学习和实践能力的引导，提升学生自主学习和研究问题的能力，最终实现以研究为导向的学习模式。

五、改革实践成果

（一）实施情况

1. 组织方式

采用独立组织形式实施，由负责讲授本课程的两位老师在课堂教学和课后辅导中，根据学生学习情况和课程进展情况同步采用研究型教学模式。实施的专业为国民经济管理系 18 级全体学生，共计 55 人。在教学内容编制和教学模式选择方面，本项目征求了课题组各位老师的意见，并汇集了各位老师的教学经验，不断完善研究型教学的内容和方式方法。

在本教学改革方案实施过程中，两位老师通过共同备课、加强沟通交流等方式，实现了教学模式的同步化和教学成果的一致性，达到项目的预期目标。

2. 协调管理

为保证项目的顺利实施以及教学效果，本项目采用授课教师负责制，以"区域经济学"两位授课教师为项目实施核心，在征询、采纳、提炼项目组各位老师教学经验和方法基础上，形成并完善本项目的教学方案和授课内容。从运行结果来看，协调管理模式高效顺畅，既保证了教学内容的丰富、严谨，项目费用的科学使用，同时本教学改革内容也得到了专家和老师的普遍认可。

（二）研究成果和效益

1. 研究成果的作用和影响

"区域经济学"课程研究型教学模式的研究和设计是"区域经济学"课程实践改革过程中的一种新的尝试。作为"一流学科建设"重要组成部分、应用经济类重要的二级学科，"区域经济学"有着研究方法多样化、涵盖学科内容广泛、学科间交叉应用性强等特点，针对这些特点，在区域经济学专业课程的讲授过程中更应该注重对学科基础理论知识和分析方法的实践应用，改革传统照本宣科的"说教式"讲课模式。本教学模式的改革能够在授课过程中全面激发学生对现实经济问题深入研究的热情和积极性，引导学生在已有基础理论学习的基础上发现现实问题，运用有效的区域理论分析工具去深入研究现实问题。通过研究型教学模式的改革不仅能更有效地提升学生的学习主动性，同时也有效地提高了学生发现问题、分析问题和解决问题的能力。

2. 效益和应用前景

《教育部关于深化本科教育教学改革　全面提高人才培养质量的意见》中第七条提出，"强化科研育人功能，推动高校及时把最新科研成果转化为教学内容，激发学生专业学习兴趣"。基于以上要求，并结合辽宁大学"一流学科"建设实际情况，以及应用经济学科教学和科研的特点，本项目运用了教育学、管理学等原理，从教学组织、教学内容、教学方法、考核评价等方面对"区域经济学"课程的研究型教学模式进行深入的剖析，总结出适合区域经济学教学和研究特点、具有实际操作性的教学模式，能有效地推动传统教学模式向研究型、创新型教学模式转变。

3. 其他实践成果

研究型教学模式不仅是对学生能力的一种提升，也为授课教师提出了更高的要求，有利于推动授课教师提升自身的科研和教学能力。一方面，课程紧紧把握国内外经济前沿问题，这需要授课教师不断更新教学内容，对与课程相关的经济问题进行深入的研究，以适应研究型课程的需要；另一方面，学生对经济问题分析和研究的结果也将为授课教师进行经济前沿问题的研究时提供新的视角和资料，对授课教师知识和研究体系是一种补充。

六、经验总结

（一）经验总结

通过对"区域经济学"课程一年的改革，获得了很多宝贵的教学经验，为未来的课程改革和课程完善提供了实践经验。

1. 教材内容需要不断深化

"区域经济学"是一门兼具理论性和应用性的课程，与国家经济发展战略有着密切的关系，因此区域经济学所涉及领域往往处于经济发展的前沿，这就需要随着经济发展情况的变化而更新教学内容。实践和研究发现，教学内容的不断更新，能提升学生对课程内容学习的兴趣，也能够不断激发学生发现区域经济发展的新问题、思考并解决这些问题等方面的潜力。只有不断将最新的经济发展内容融入课程内容中，才能保证课程的实践性、先进性，才能够实现理论教学和实践探索有机结合的课堂教学模式。

2. 灵活的教学方式

好的教学模式需要配以有效的教学方式和方法。研究型教学模式的核心在于激发学生在学习和研究方面的潜力，其在教学过程中由多种元素共同构成，其教学内容也涵盖了多方面的理论和实践知识，因此研究型的教学模式对于教学方式的要求也应是多样性的。本项目在教学实践中采用了灵活的教学方式，除了传统的教师主讲方式，也鼓励学生以个人或小组形式走上讲台，表达自己的观点。同时，也鼓励学生参与到课程资料和案例准备中，这样不仅能够提高学生的参与感，也可以在资料收集、整理、分析过程中培养学生对研究区域经济问题的兴趣，有利于把被动学习转变为主动学习。

3. 先进教学设备的使用

项目所取得的进展，不仅得益于对教学内容、教学方式的革新，也得益于对先进教学设备的使用，其中既有硬件设备，也包括先进实用的软件。为了达到理论知识和实践问题相融合的目的，"区域经济学"课程在讲授过程中需要引入诸多案例教学、视频教学等方式，也就需要使用相应的教学设备作为支撑。如采用视频和图片编辑软件对课程资料进行加工，使教学内容变得更加生动、有感染力；又如投影设备、翻译工具、平板电脑等设备的使用不仅提升了授课内容的鲜活性，也提升了教学的效率和效果。先进教学设备的使用关键在于其与教学内容和教学方式的配合，应根据教学的需要采用适合的教学设备，其中教师应注重对学生在研讨部分进行设备使用的引导和帮助。

4. 教师学生角色转换

现代教学的特点已经发生了根本性的转变，不再只是教师为主体的课堂讲授模式，而应注重以人为本的、以激发学生学习的主观能动性为核心的教学模式，这就需要课程教学模式颠覆传统的师生角色，更强调学生在教学活动中的主体性。根据实施过程中的经验总结，师生角色的转换应该从两个层面进行：（1）传统观念的转换，即从观念上将教师的主体性向学生的主体性转变，在教学中应因材施教，根据课程内容和学生具体情况进行教学工作的组织和考核；（2）教学传统方式的转换，即从以教师讲解为主的教学模式转变为以学生研讨和阐述为主的教学模式，调动学生主动发现问题、分析问题和解决问题的积极性，以达到理论学习与实践研讨有机结合的教学目的。师生角色转换教学模式的关键在于提高学生对课程从课前准备、课程讲解、理论联系实际、课后复习的自主参与程度。

（二）改进建议

1. 课程内容的改进建议

本项目在区域经济学授课内容方面进行了一定的改革，取得了一些成效，但是从课程实际效果来看，依然有需要进一步改进的方面：（1）所选经济学案例不能只追求热点，而更应该看到案例所蕴含的深刻理论和知识，以及其与教材的契合度，应从教材出发，并结合近一段时间的经济发展问题来选取案例；（2）所选择的经济学实例和资料不宜过多，而应该注重资料和实例的质量和内容，要从资料和实例的研究价值与重要性两点出发，可以参考近期国内外核心期刊发表的"重量级"论文。

2. 教学方式改进建议

在对"区域经济学"课程教学方式改革中，我们注意到以下问题需要进一步改进：（1）在课堂讨论中关于论点和论据思想性、政治性和学术性的把握，应以教师提前准备的提纲引领学生的观点和思考，天马行空似的讨论难以实现预期的教学目标，也会影响教学进度；（2）教师关于经济案例的讲授和学生的研究讨论应尽量设定在同一教学日内，并要求学生在当日课后对课堂内容形成总结性材料，这样能够加深学生对知识的印象，达到教学事半功倍的效果。

以塑造学生创新思维能力为导向的"区域经济学"教学模式改革与实践

齐　昕

一、创新思维的研究背景与国内外研究综述

恩格斯指出："一个民族要想站在科学的最高峰，就一刻也不能没有理论思维。"大力推进高校创新创业教育，培养高素质的"三创型"（创新、创造、创业）人才，是建设创新型国家发展战略的重要支撑。创新思维作为全球创新创业者的共同语言，斯坦福大学、哈佛大学、麻省理工学院（MIT）等全球知名大学，都将其列入核心课程；与此同时，思爱普（SAP）、麦肯锡、国际商业机器公司（IBM）等全球知名公司都将其列为公司创新方法论。相关研究表明，虽然创新思维起源于西方，但与我国"双创"教育的内涵在本质上高度契合。创新思维是新时代人才应对国内外不断变化的发展环境的重要素质，拥有创新思维就意味着能够在变化中找到提升自我、贡献自我、不断学习和攀升的战略高地。自党的十八大以来，习近平总书记也多次强调"要努力掌握科学的思维方法，提高科学思维能力，其中就包括提高创新思维能力"。创新思维是新时代人才应对国内外不断变化的发展环境的重要素质，拥有创新思维就意味着能够在变化中找到提升自我、贡献自我的战略高

地。创新思维是一种全新的思考模式或体系，它的生成受到创新思维能力的影响。而塑造人才的创新思维能力，是高校本科教学建设义不容辞的责任和应该致力的突破点。在宏观上，塑造学生的创新思维能力是高等教育改革由规模扩张向提升质量转变的必要环节。在微观上，培养学生的创新思维能力能够发现问题、总结经验，实现教学双循环效果的综合提升，因此具有极为重要的现实意义。

国外学者对于什么是创新思维、如何塑造和提升创新思维，进行了全面而先进的系统性探索。R. 穆西德（R. Musid，2018）发现，创新思维是一个综合体系，教学模式对于塑造学生的创新思维能力具有重要的影响作用。在此基础上，学者们开始从不同的视角研究塑造创新思维的不同层面，以及需要采用哪种教学模式更为有效。瓦希迪（Wahyudi，2019）研究发现，包含批判、挖掘、创意、反思等步骤的"三厘米混合教学模式"，对提升学生在解决问题时塑造创造思维十分有效。R. 穆西德（R. Mursid，2020）发现，网上混合教学和计算机混合教学模式的综合运用，会更有效地提升学生自主性学习设计方面的创造思维能力。孙雅丽（2014）通过实验发现，利用课余时间参与标准化案例写作、反复修改、严格复习、认真校对，能够大幅提升学生在分析问题方面的创新思维能力。德威俊多（Dwijanto，2019）通过问卷调查和访谈，发现问题卡辅助特里芬格尔学习模式，能够从学习兴趣方面有效地挖掘学生的创新思维潜力。德威·萨特里·阿赫马尔（Dewi Satria Ahmar，2017）发现，创新思维的形成与先验知识的积累具有正相关关系。

国内研究相对较少，张敬威和于伟（2021）认为，创造性思维的关键是非逻辑思维，产生创造性思维的条件是建立新异联系、突破思维定式、构建思维图像、拥有创新性人格。因此应高度重视非逻辑思维在创造性思维中的地位和作用，以直觉猜测为着力点，培养学生高阶思维能力和创新思维品质；以构建思维图像为重点，培养学生的创造性想象能力，以原型启发为突破口培养学生建立新异联系的顿悟能力。杨蕾等（2022）发现，创新思维能力是创新能力的核心，培养创新思维需要有适宜的环境，开展"创客"教育模式，并注重这一过程中对于设计思维的挖掘，有助于实现对于创新能力的培养。赵慧臣和王玥（2014）认为，思维地图、认知地图、概念图等思维可视化工具，能够有效地提升学生的整体思考能力。

习近平总书记系列重要讲话中的创新思维突出体现在三个方面：一是注重创新的巨大作用。在我国，创新性思维在高校教育中全面应用的战略探索在习近平总书记的理论体系中具有全面的体现。习近平总书记指出，"纵观人类发展历史，创新始终是一个国家、一个民族发展的重要力量，也始终是推动人类社会进步的重要力量。"[1] "在激烈的国际竞争中，惟创新者进，惟创新者强，惟创新者胜。"[2] 二是注重创新的方式方法。关于科技创新，习近平总书记多次强调，"科技创新是提高社会生产力和综合国力的战略支撑，必须摆在发展全局的核心位置。我们要充分发挥科技资源丰富、科技人才众多的优势，建设科技创新高地，不断提高原始创新、集成创新和引进消化吸收再创新能力，促进科技和经济深度融合。"[3] 关于理论创新，"理论思维的起点决定着理论创新的结果。理论创新只能从问题开始。从某种意义上说，理论创新的过程就是发现问题、筛选问题、研究问题、解决问题的过程。"[4] 关于宣传思想工作创新，"重点要抓好理念创新、手段创新、基层工作创新。"[5] 关于哲学社会科学创新，"理论的生命力在于创新。创新是哲学社会科学发展的永恒主题。"[6]三是注重弘扬创新精神，培育符合创新发展要求的人才队伍。创新精神、创新能力是衡量领导干部素质高低、能力大小的重要标准。习近平总书记强调，"生活从不眷顾因循守旧、满足现状者，从不等待不思进取、坐享其成者，而是将更多机遇留给善于和勇于创新的人们。"[7] 国内外研究成果内容如表1所示。

---

[1] 习近平总书记2016年5月30日在全国科技创新大会、中国科学院第十八次院士大会和中国工程院第十三次院士大会、中国科学技术协会第九次全国代表大会上的讲话。
[2] 习近平总书记2013年10月21日在欧美同学会成立100周年庆祝大会上的讲话。
[3] 习近平总书记2013年5月在天津考察时的讲话。
[4][6] 习近平总书记2016年5月17日在哲学社会科学工作座谈会上的讲话。
[5] 习近平总书记2013年8月21日在全国宣传思想工作会议上的讲话。
[7] 习近平总书记2013年5月4日在同各界优秀青年代表座谈时的讲话。

表1　　　　　　　　　　国内外研究成果对比

国外研究		国内研究	
创新思维维度	培养方法	创新思维	培养方法
解决问题创新	混合教学模式	综合创新思维	思维图像
自主设计创新	混合教学模式	设计创新	创客教育
分析问题创新	案例写作	分析创新	思维可视化
兴趣创新	问卷调查		

二、创建适合培养创新思维的课程环境

（一）创新点

首先，课程内容框架和结构的重构创新。由原来的中国区域经济的理论，转化成包含国内外经典理论和思想；城市和区域发展两个体系相结合；理论、模型和综合运用相结合的内容框架体系。特别是分割了传统课程章节式的教学方式，突出了与思政问题相关的知识点，对这些知识点进行重新组合与编排，达到了学中有重点、有主次，能够与现实结合的目的。与此同时，课程的知识点设计符合创新思维四个维度培养的需要，由易到难，使学生能够循序渐进地培养创新思维能力和学习课程。

其次，课程思政与创新人才培养相结合，教学手段和方法的创新。与传统的教师教授的方法不同，本成果运用基于信息数据化平台的教学方法，提升学生的兴趣度、参与度以及教学的效果。针对教学中需要解决和应对的特殊问题，不断地整合教学方法，特别是注重教学方法之间的合理组合。以案例教学结合体验式教学为例。在传统的教授和学习的模式基础上添加了案例式教学，特别是填充了大量的关于东北振兴的区域问题、城市问题、城市群建设、城市化发展、与世界和国内城市群建设和发展的比对以及老工业区域发展的产业结构创新等方面的案例。灵活结合讲授的知识。在教学过程中，以案例作为启发，并设置成"任务解锁"的方式，设置任务图，采取"招标解锁"的方式，启发学生形成团队，以组内评选和互评的方式，推荐核心发言人组织讨论、进行小组展示，最终形成科研成果、加深对知识点的理解。

再次，培育创新思维能力的环节创新。做评价体系，综合评定学生所拥有的创新思维现状与优劣势，让每个学生知己知彼。逐步重点培养学生的分析问题创新思维、发现问题创新思维、解决问题创新思维以及反思问题创新思维。教学模式完全与提升这几个维度的思维模式相承接和吻合。

最后，形成性教学评价体系的建立创新。将平时分数设置为 40 分，由四部分组成。学生自主展示与课程相关的现实兴趣点为 10 分，便于老师和他们自身发现自己的思维长短板。小组展示为 20 分，每个同学针对特别的现实问题，展示自己思维擅长的部分，再形成团队作业。这一部分需要教师点评和同学互评，旨在提高学生进一步创新思维的能力。分析类小作业为 10 分，旨在培养学生自主深入思维和阐述问题的能力。

（二）解决的问题

第一，教师不了解学生的思维能力与学生不了解自己的思维能力而导致教学效率低下的问题。针对此问题最为有效的解决办法是在教学过程中不断地了解学生的能力并进行分类、互动与沟通。这就需要教师先要了解什么是创新思维能力，每个学生是否具有创新思维能力，他们所具有的能力距离多维度提升的目标水平有多大的差距。为了深入解决这些问题，本项目建立了运用教学手段塑造学生创新思维能力的理论关联框架、挖掘并对应了教学手段与思维能力建设的回馈激励关系。将创新思维能力分为发现问题创新思维、分析问题创新思维、解决问题创新思维以及反思问题创新思维。把在这四个维度具有专长的学生分组，每组学生在给出的课程思政案例中选择自己擅长或者感兴趣的，进行发现问题、分析问题、解决问题或者反思问题的训练，一轮结束后，每个小组的同学都选择了自己擅长的创新思维环节并进行深化的展示，与此同时其他组同学进行点评。依此类循环，进行创新思维能力培养的角色互换。通过教学手段提升创新思维能力，引导学生自主形成适合于自身的思维模式的能力。并且在这一过程中，能够"自助式"开发。使学生能够"学一用百"，在课程或知识的学习中，或者在现实中解决问题能够拥有与众不同的生产能力。

第二，教学方法不完善或者与培养创新思维能力不匹配的问题。针对此问题，能够深入讨论的案例的选择十分关键。如果按照传统的课程知识点进行讲解，对于培养创新思维能力不具有针对性，因此，翻转和重建课程体系十分重要。从生动的案例中引入知识点，本身就是一种创新，也必然会给人耳目一新的感觉，有助于创新能力的激发。具体操作主要是将大视角转化为小视角，根据"十四五"时期的具体区域和城市的发展战略以及习近平总书记的系列思想，以图说中国、数说中国的形式，挖掘出现代城市群发展、新型城镇化、大数据与战略新兴产业集群、双循环、东北全面振兴、城市扩张与收缩等几个具体的问题。这些问题包含了区域经济学课程的全部知识点，每个问题所包含知识点略有侧重也存在一定的重叠。通过对这些具体问题及其所涉及的国家大政方针政策的解读，使同学们了解这些问题是什么，研究它们有什么具体的意义。

第三，学生参与的兴趣度不高的问题。学生最爱做的事情是展示自己，最在意的事情是别人如何评价自己。因此抓住这个关键点，运用头脑风暴、思维导图、自评互评等方法，增强学生的参与度与兴趣度。

三、建立完善的创新思维培养体系

（一）创新思维能力体系

创新思维是一个相互关联、多元而又复杂的综合体系，它包括以下九种思维的类型：（1）抽象思维，又称逻辑思维，是认识过程中用反映事物共同属性和本质属性的概念作为基本思维形式，在概念的基础上进行判断、推理，反映现实的一种思维方式。（2）形象思维是用直观形象和表象解决问题的思维，其特点是具体形象性。（3）直觉思维是指对一个问题未经逐步分析，仅依据内因的感知迅速地对问题答案作出判断、猜想、设想，或者在对疑问百思不得其解时，突然对问题有"灵感"和"顿悟"，甚至对未来事物的结果有"预感""预言"等。（4）灵感思维是指凭借直觉而进行的快速、顿悟性的思维，它不是一种简单逻辑或非逻辑的单向思维运动，而是逻辑性与非逻辑性相统一的理性思维整体过程。（5）发散思维是指从一个目标出发，沿着各种不同的途径去思考，探求多种答案的思维，与聚合思维相对。（6）收敛思维是指在解决问题的过程中，尽可能利用已有的知识和经验，把众多的信息和解题的可能性逐步引导到条理化的逻辑序列中，最终得出一个合乎逻辑规范的结论。（7）分合思维是一种把思考对象在思想中加以分解或合并，然后获得一种新的思维产物的思维方式。（8）逆向思维是对司空见惯的似乎已成定论的事物或观点反过来思考的一种思维方式。（9）联想思维是指人脑记忆表象系统中，由于某种诱因导致不同表象之间发生联系的一种没有固定思维方向的自由思维活动。由此可见，在教学的过程中，我们更为可能实现的是依次培养学生部分创新思维的能力，极大程度地激活对其他维度创新思维能力的自我形成的带动和整合。

（二）创建和完善创新思维能力培养体系

首先，我们传统上理解的创新思维是一种对于传统事物的认知方法完全不同的想法，由于认识存在不完全性，使培养创新思维不能因人而异，无法在课程的教学中获得收效。创新思维能力主要有四个维度：（1）发现问题的创新思维能力是包括多角度的综合体，在课程进行的过程中，任何一个环节、一个知识点或者是一句评语都可能引发非逻辑思维的活跃。而思维所能达到的活跃程度、深度与广度和创新思维能力密切相关。创新思维能力是一种特殊的自有能力，每个人都在不同程度上具备这一禀赋，但因非逻辑思维能力的强弱不同、先验知识的储备禀赋各异，能够展现出来的部分因人而异。创新思维永不枯竭，关键在于能否塑造深厚的思维能力。对于创新思维能力的塑造，是本科教学中应该挖掘的关键点，能够设计一个步骤体系去实现这一目标。这一体系的源头是激活学习兴趣，培养发现问题的创新思维能力。这一个维度的创新思维能力的塑造极为重要，只有想要发现问题，并且有能力发现具有全新价值的真问题，其他维度的创新能力思维才会具有实际意义。（2）分析问题的创新思维能力是运用全新的视角和方法分析问题的能力，这种能力的提升有助于全面而深刻地理解问题和知识。它是创新思维能力体系的基础，也是其他后续环节是否能够实现的关键。从狭义的角度来理解，创新思维能力的提升很大程度上取决于分析创新思维能力的提升。（3）解决问题的创新思维能力是指用更为新颖便利的方式解决或者应对发现的真问题，或者寻找解决这个问题的新路径。这种创新思维能力否定人云亦云，主张个性化见解，是创新思维能力体系的升华所在，能够提升学生理论与实际结合的效率。（4）反思问题的创新思维能力是通过总结前三个环节的经验，能够从不同的角度辩证地"自洽"的能力，学生能够在这个环节中总结出并获得真正适用于自身的创新思维能力。四个维度的创新思维能力的塑造相辅相成，缺一不可，在教学过程中不可省略，逐一击破。

其次，全面认识创新思维能力"四维"塑造体系与教学模式的关系，重塑教学模式。教学模式是将教学内容融入教学工具、教学理念、教学环节而形成的综合性教学形式。每种教学模式中都蕴含了丰富的教学经验，每一个问题或者知识点的讲授、每一门学科的讲授、针对每一个群体的讲授、想要获得不同目的的讲授，都对应着相应的教学模式。传统的教学模式是老师讲、学生学的刻板模式，与之不同，新型教学模式融合了多种教育工具、活动、手段、思维、设计，采用更为生动、互动性更强的形式展开教学，使抽象的知识形象化、刻板的关系互动化、僵硬的气氛活跃化，极大地提升了教学效率。创新思维能力的全面塑造需要多种教学模式和手段相互配合，综合生效。如果只是看到创新思维的多元性，而缺乏相应的教学模式与之适应，将无法从生动的情境中使学生认识到自己应从哪些角度、如何更为全面地配合教师形成全面的创新思维模式。如果在看到创新思维模式多元性的同时，根据培养对象的不同，设计与之相适应的教学模式、方法和工具，便能够将抽象的流程生动形象地展示出来，以便通过无数次情境再现，强化学生对于运用创新思维、调出创新思维的熟练掌握。

最后，全面运用教学工具和手段，促进创新思维能力培养和教学模式的完美融合。充分研究国内外先进的教学理念和工具，借助于多方平台，大胆地改革教学模式使之与创新思维能力的全面塑造更为匹配。在塑造学生解决问题的创新思维能力时，引进"三厘米混合教学模式"，包含批判、挖掘、创意、反思等步骤，通过自我质疑、相互提问、挖掘本质、思考本质等方式实现思维训练。在激发学生兴趣和发现问题的创新思维能力时，引用网上混合教学和计算机混合教学模式，将大量的学习资料和信息充分提供给学生，学生们可以按照所需自行学习，自主设计研究问题的全套方案，仿真模拟。引入标准化案例写作、参与课题研究、自发论文写作教学模式，在课余时间培养学生分析问题的创新思维能力。同时引入思维导图等可视化思维教学模式，提升学生的分析创新思维能力。将这些先进的方法与理念融合，在教学过程中开创了案例互动式教学法、情境模拟式教学法、沉浸混合式教学法、点评互评式教学法、团组竞赛式教学法等，综合提升学生的创新思维能力和活力。具体改革内容如图 1 所示。

四、运用课程思政激活创新思维能力的环节设计

课程思政是指以构建全员、全程、全课程育人格局的形式将各类课程与思想政治理论课同向同行，形成协同效应，把"立德树人"作为教育的根本任务的一种综合教育理念。课程思政主要形式是将思想政治教育元素，包括思想政治教育的理论知识、价值理念以及精神追求等融入各门课程中，潜移默化地对学生的思想意识、行为举止产生影响。

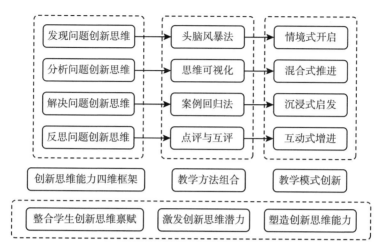

图1 创新思维能力培养体系

（一）运用课程思政激活创新思维的必要性

在日常的教学中，有时候存在一种误解，以为用各种花哨的方法激发学生的学习兴趣就可以培养学生的创新思维能力，其实这是不对的。因为创新思维能力有正确的、符合价值观的，也有不正确的、偏离社会导向的。当学生形成了符合社会道德的创新思维，便可以做对社会有益的事情；反之，也可能给社会的发展带来危害。所以说课程思政，应该成为激活正面创新思维的载体。用立德树人的思想引导学生树立正确的"三观"，是极为必要的。

在此基础之上，课程思政符合国家建设的大潮流，具有整合思维和课程框架的牵动力和灵活性，能够统领正面的思维和学习的内容，以及运用正面的思维方式来理解相应的学习内容。培养和全面塑造学生的创新思维能力是一个重要的理论体系，同时也是多维度的，只想着怎样提升创新思维是不全面的，因此从课程本身进行改革，使课程更加实用、更加适用于创新思维能力的培养和提升才更加重要。这也是选择以课程思政为主线，进行创新思维能力综合塑造最根本的原因。"区域经济学"是笔者所教授的本科"省级一流"线下课程。这门课程的内容和知识点与国家区域发展的战略、方针、政策密切相关，并且研究领域因综合了多门学科的知识而较为通俗宽泛，所以特别容易引发学生们的学习兴趣。在教学的过程中也极为容易结合"思政"内容，便于使理论与实际充分结合，在培养学生们主动参与和关注的同时，提升对于问题的发现、挖掘、解决及创新的思维能力。基于以上原因，本次教改对这门课程进行了"思政"建设，并以此为契机，达到提升学生创新思维能力的目标。在本学期的教学中，本课程选择了"十四五"时期的城市群协调发展这一"思政"内容，聚焦培养学生创新思维能力和多视角应用与理解问题的能力，获得了良好的推进效果和积极的参与反馈。

（二）课程"思政"建设的环节创新与教学体会

下面将简要地介绍以"思政"内容串联课程知识点、激发学生创新思维的环节设计和效果反馈。

环节一：以"思政"内容串联课程知识点。引用得合适和生动最为重要。城市群协调发展，是"十四五"时期区域领域发展的重大事件和战略导向。它涉及城市群所处的区位、城市之间的关系、城市产业的关联、区域政策的配给等多方面的整体化协调和个体差异化关注。这一内容主要对应了教材《区域经济学》中的区位论、产业发展理论、区际关系理论等。因此，针对原章节分布的顺序和相关的重叠以及升华部分的知识点进行了重新编写和排序。

环节二：以串联好的知识点，解读"思政"内容。以知识点解读案例最为重要。关于城市群协调发展，多数同学只是听说过，但并不了解具体是怎么一回事，更无法从专业的角度理解为什么要协调发展，现实中存在什么样的问题，对我国经济和社会的发展会产生什么样的影响。大家也不了解什么是城市群，它的产生机制是什么。因此，如果直接为了"思政"而"思政"，学生们不仅不会产生兴趣，也不能充分地关注并留有印象。考虑到上述问题，笔者在给学生讲一个完整的知识点集合之前，先用通俗的语言补充部分知识点和慕课的资源内容，解读

"思政"案例中的重点关键词及其应用。带着这份初步的理解，学生们提升了进一步学习的信心。随后讲解串联好的课程知识点，也能够有的放矢，加深对于"思政"内容的专业化理解。

环节三：以分享与案例相关的热点的形式，让学生们积极参与。其中，让大家自我发现最为重要。经过了环节一和环节二的积累，大家对于这一案例有了基本的了解。一些学习能力较强的同学，因获得了学习新领域的乐趣而主动地从网络上收集国内外一些典型城市群的发展案例，比如海峡西岸城市群、长三角城市群、成渝城市群、北美五大湖城市群、日本东京都市圈、中原城市群等。同学们非常富有创造力，引入一些小视频或者动画，向我们生动地展示了自己的收集资料成果，展示了个性化的特征。在这一环节是以个人为单位，每位同学负责一个热点。其他同学看到某位同学分享的热点很有趣，也会借鉴。针对学生们分享的热点，笔者会结合"思政"内容、课程知识点内容，给大家进行重温和深化。

环节四：以研究小组的形式，分角色讨论"思政"案例的全貌。引导大家自我实现最为重要。在上一环节，可以发现有些同学善于介绍现象，有些同学善于发现问题，有些同学善于分析机制，还有些同学愿意给出解决对策，这些都充分地体现在大家所呈现的热点介绍成果中。与此同时，这四个方向也是大家创新思维不断激活和建立的过程。因此，针对"思政"内容，将同学们四人分为一组，分别根据自身的优势，选择承担介绍、发展问题、分析问题、解决问题的角色，以组为单位，结合所学过的知识点，多样化地呈现相应的案例内容。在这一环节，也会综合地运用教学手段和方法作为辅助，比如用辩论的方式、头脑风暴的方式、沉浸式教学的方式，让大家找到自己的定位，发挥自己的专长。

这四个环节结合了"思政"内容和创新思维能力培养的内容。在教学的过程中体会到，各个环节环环相扣。"思政"内容或者相应的建设，也是提升教学效率的一个重要的手段。好的"思政"讲求时效性、动态性以及追踪性。它像一个框架，能够重新编排课程的原有内容、增强课程的实用性和灵活性。与此同时，好的"思政"要落脚于为解决我国现实发展中存在的问题提供专业化的对策和思路。因此，做好点睛和"收口"很重要，不能任由学生按照自己的思维发散，实时引导大家按照课程所要求的方向去进行思考至关重要。在这个过程中，也有部分学生热情较高，会突出自己的浓厚兴趣和学习能力，这时需要教师去客观地看待每一位同学的内在水平，给予大家提升自身能力的平等机遇。

五、教改的具体内容与实施方案

针对本科教学经典课程"区域经济学"进行教学模式的改革。"区域经济学"是"双一流"学科建设的重点课程，它的理论全面、具有实用性，但是比较抽象，对于没有前期知识积累的非专业本科生而言存在一定的理解障碍；与此同时，在学习的过程中，如果采用传统的教学方式，对于学生理论联系实际的能力提升效果不佳，课程开展会使学生停留在一味地接受知识的认识维度，不利于在现实中充分运用，也不利于激发学生们的学习兴趣、提高主动学习能力，以及创新思维能力，导致很多学生本来具有的非逻辑思维想象力难以充分发挥，继而隔断了知识与现实的关联。为充分地解决这一问题，在教学过程中已经通过更新教学工具、转换教学模式等路径对课程进行了前期改革和修正。在总结前期反馈和成果的基础上，发现激活与塑造学生们的创新思维能力对于教学改革能否取得关键性的进展起到不可替代的重要作用。当学生的创新思维能力被激发和塑造时，教师的教学效果、学生的学习效果都将显著提升，并且是以学生兴趣为导向的主动提升，教学过程变得更为顺利和高效，教学相长。当学生的创新思维能力较低，就明显体会到学生的参与热情相对较低，对于教师所采用的教学方法理解能力较差，从而影响课程进行的顺利性和效率的提升。在学生的创新积极性被调动到一定程度时，教师如何进行塑造变得更为重要。因此，在上述实践思索和心得的基础上，构建了创新思维能力塑造的"四维体系"，提升"区域经济学"课程的教学效率。

本次改革的目的是在传统的教学内容中开发提升创新思维能力的教学工具与教学模式。主要内容围绕着培养学生的综合创新思维能力展开，也即构建了创新思维能力塑造的"四维联动体系"。从主动发现问题、分析问题、解决问题、反思问题四个维度，通过各种教学模式的设计以及对教学方法的综合运用，塑造学生的发现问题创新思维能力、分析问题创新思维能力、解决问题创新思维能力、反思问题创新思维能力。

本次课程改革的实施方案主要分为了解学生创新思维能力水平的方案和课程模式与创新思维塑造相匹配的方案，主要分以下三个阶段实施。

第一阶段：由"大视角"化为"小视角"，以问题导向了解学生的创新思维水平。内容过于宽泛、视角过于广阔不利于发掘学生的创新思维既有水平，"区域经济学"课程的现实应用性很强，特别是国家的区域发展战略或地方性发展战略的制定原因和效果，充分地体现了区域经济学的经典思想。本课程结合实际，将授课内容与现实结合紧密的部分凝练成可以讨论的"小视角"，比如区域内的城市及城市内经济、社会领域的问题重新作为切入视角，从城市化、城市基础设施建设、城市土地利用等小问题入手，通过采用教学和讨论相结合的方式，发现学生对于具象问题的兴趣点、所储备的知识水平，以及对这一问题是否具有自己的思维和看法。在这一阶段形成对学生创新思维水平和存在问题的大致了解。并且配合科学研究，通过问卷、座谈、讨论、提问等方式了解学生在发现问题、分析问题、解决问题、反思问题的环节中有哪些优势和劣势。与此同时，培养学生了解提升创新思维能力的重要性和相关理论。

第二阶段：根据分类，划分小组、设计互动方式。根据学生创新思维的优劣势，将具有相似特征的学生分为一组，将整个班级在参考水平相似性的基础上，按照发现问题创新、分析问题创新、解决问题创新、反思问题创新分为四个兴趣大组，每个组中按照水平相似性又分为若干小组。每讲到一个问题轮换一次，讲授过程中轮换四次。启发学生自主研发、自我思考、团队展示和综合点评。让学生充分体会到创新思维的生动性。

第三阶段：多种教学模式协同作用。选取高度具有代表性的案例，借助智慧教室的教学环境，让大家进行分组式小组讨论，再由核心发言人展示，让学生体验"我是老师，我负责"的感受，带领组员分析、解决问题。在这一过程中，由笔者和团队开设课程相关的专题讲座，以在线视频的形式或线上视频、线下教学等方式，为学生进行演示。在此过程中，运用头脑风暴法激活发现问题组别的创新思维。对于分析问题小组，运用可视化思维工具，如思维导图、鱼骨图法，展示思维的全过程。运用情境式教学、角色扮演、辩论等方式激发解决问题的创新思考。反思问题的创新思维能力由教师点评和其他组别同学点评共同实现。让学生充分了解哪一个教学工具、哪一种教学模式能够塑造哪种创新思维能力（见图2）。

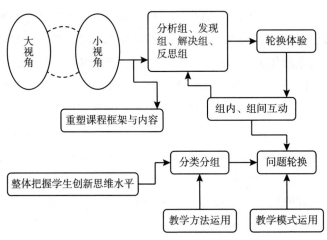

图2 教学内容改革环节示意

六、基于课程思政的创新思维能力培养效果反馈

经过了各环节的培养，学生们逐渐具备了一定的创新思维能力，主要是愿意用创新的视角学习这门课程。但创新思维的培养也不是一蹴而就的，在每个环节培养的重点和效果各不相同。这主要是因为：有些同学本来具有创新思维，但是因不知道相应的知识点，而不知道如何表现这种创新思维；有些同学由于性格因素，不好意思表达创新思维；还有些同学因为不感兴趣而不想表达创新思维；更有的同学不知道自己有哪方面的创新能力。

针对这四种情况，分别做培养的方案和对策，并得到积极的反馈。针对第一种情况，重点在于介绍知识点能解决什么样的现实"思政"问题，引导他们建立属于自己的知识网络、引发创新思考。针对第二、第三种情况，以鼓励为主，并设置积分制，有强制性地带动参与。针对第四种情况，在不同的组别中进行角色轮换，让他们感受自己更适合哪种创新思维的"角色"。在上述思想的指导下，学生们的创新思维能力发生了由量到质的变化。在环节一中产生了兴趣，在环节二中开始构思自己能够做什么，怎么做；在环节三中确定自己能够在哪方面创新，在环节四中实现创新。所以每个学生相比学习这门课之前，都更加了解自己的兴趣点和比较优势，并经历了完整的产生思维到实现思维的过程。有的同学发现，自己能够用生动有趣的语言陈述一个案例，抓取大家的注意力和兴趣；有的同学发现，自己逻辑思维特别棒，能够严密地分析从而让大家信服；有的同学发现，自己特别会提对策；还有的同学发现，自己善于通过反思，带给大家启示。这四种获得正是同学们创新思维能力提升的落脚点，大家学到了知识，并且也收获了自信，知道每个人都拥有巨大的宝藏，只要用心挖掘和培养，就能收获不曾拥有的奇迹。

七、完善环节

一门专业主干课是不是好课，最重要的方面就在于能不能以学生接受的方式，讲到大家心里去，让他们能够在学习的过程中，培养一种抓取知识、自主分析、自行学习的能力。因此，本门课程也进行了教考分离的改革，增加平时分值比例。但最大的问题在于，如何让每位同学或每组同学参与的时候，更大程度地调动其他同学共同学习。对此，强制性绝不是最佳之策。我采用了不同组别同学互相打分、组内同学互相打分的形式，并在其他组别设置综合点评人席位，这一席位随机抽取，为大家点评所学到的东西和存在的疑惑。当然，为了节省课堂时间，笔者会向大家分享学习资料和方向，供大家自学和总结（见图3）。

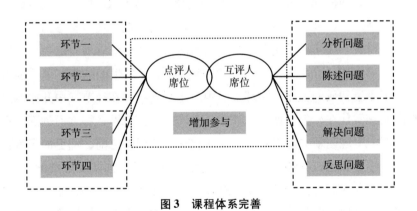

图3 课程体系完善

八、结语

本成果在四轮"区域经济学"本科教学中不断完善，综合地运用了多种教学方法，将提升学生能力与课程思政结合起来，收获了一定的成绩，提升了学生们的创新思维能力，并获得了 2020 年度省级一流专业本科线下课程和校级思政示范课等奖励。但是总结起来，仍存在进一步上升的空间。课程思政是把"利器"，在以往的成果完善过程中，已经做到了课程思政、立德树人与教学内容的整合与融合，教师与课程思政的融合，以及师生相长与课程思政的融合，并在这一过程中贯彻了提升学生创新思维的目的，使学生的创新思维以国家的发展、坚定的社会主义方向和党的领导为导向。本项目未来将扩大团队，以期能够推行得更加精准。

参考文献

［1］张敬威、于伟：《学科核心素养：哲学审思、实践向度与教学设计》，载《教育科学》2021 年第 7 期。

［2］杨蕾、王文军、蔡勇：《设计思维驱动的高等教育工程创新人才培养模式研究》，载《西南科技大学学报（哲学社会科学版）》2022 年第 3 期。

［3］朱龙、付道明：《设计思维：智能时代教师不可或缺的核心素养》，载《电化教育研究》2022 年第 3 期。

［4］徐新洲：《三链融合"培养创新型和应用型人才研究》，载《学校党建与思想教育》2021 年第 4 期。

［5］尚丽平、何霖俐：《以学生为中心的"一轴三维四驱"个性化人才培养体系构建研究》，载《西南科技大学学报（哲学社会科学版）》2021 年第 2 期。

大数据时代"城市经济学"
教学新模式探索

谭　啸

随着互联网、物联网、人工智能、云计算等现代信息技术的飞速发展，社会步入了大数据时代。在高等教育领域，大数据技术也得到了广泛的推广和使用，"互联网＋"或"智能＋"的教学模式逐渐成为高校教学的主要方式之一。特别是在新冠疫情期间，逐步打破了传统教学的时空阻碍，重塑了教学形态，引发了教学目标、教学方法、培养模式的创新。

一、当前"城市经济学"教学模式存在的弊端

基于对传统模式的固定思维的分析，对城市经济学教学模式暴露出的诸多弊端进行探讨。

（一）教学内容重理论，联系实际程度低

"城市经济学"是城市规划、房地产开发与管理等本科专业基础课，是一门兼具理论性和应用性的综合性课程。从理论层面分析的内容包括城市化、城市发展、土地利用及地租、城市空间结构、城市规模等；从应用层面探讨的内容主要涉及改善、解决城市问题，诸如城市交

通拥堵、城市住宅问题、城市就业、城市基础设施等。前者理论性知识点的学习有助于了解城市经济现象与问题；后者实践问题的探究有助于为城市发展提供政策建议，增进居民福利。课程整体内容丰富，不仅需要结合不同专业学生的知识结构，根据专业培养计划的前导、后续课程对讲授的内容进行合理取舍，更要结合当前大数据背景，在研究内容和方法上突出重点、紧跟时代变革特点、与时俱进。

但目前辽宁大学城市经济学教学中，教师基本上都以理论讲解为主，如城市区位理论、企业集聚理论、城市规模、增长等相关理论。在讲授过程中，更多讲解理论的假设、均衡、数理模型推导、经济学含义等理论知识。同时用很少的时间或者甚至根本没有讲授如何运用这些理论或者模型去解释实际生活中的经济现象，比如如何运用集聚理论解释为何当前人口和经济活动都向中心城市集聚。特别地，包括辽宁大学在内的现有高校使用的城市经济学教材大多由西方学者编写，其理论和实例都以西方发达国家为分析对象，因而在教学中很少使用相关理论去解释中国城市发展问题，导致课程教学内容的本土化程度较低，不够"接地气"。

（二）教学形式单一，以老师讲述为主，学生参与度不高

从课程的教学模式来看，辽宁大学教师在"城市经济学"授课过程中，基本上都是采用传统的教学模式，按照课程大纲进度逐步依次开展备课、现场讲授、作业、答疑等教学环节，并且在现场讲授过程中，大多均以教师个人讲授为主，安排分组讨论等方式的次数较少。这是一种以教师为主、学生被动学习和习得知识的传统教学模式。同时由于城市经济学开设是在本科阶段，学生对经济学专业认知程度不够，再加上传统的单一的教学模式，很容易导致学生注意力不集中，不能主动参与到教学过程中，学生很难发现和思考问题，其自主学习和获得知识的意愿下降，从而不利于激发学生学习的积极性，最终导致整个课程的教学效果不佳。

（三）教学考核固化，导致学生片面追求分数忽视理论应用

课程评价考核是影响教学效果的重要因素之一。当前辽宁大学经济学采用的课程教学考核方式仍为形成性评价或平时成绩和期末成绩的加权平均组成，其中，期末成绩的比重一般会至少占到70%，形成性评价或平时成绩的比重相对较低。形成性评价一般包括出勤、作业、课堂表现、小组讨论等。现有的考核方式仍是以期末考试为主，虽然能较好地考核学生对城市经济学基本知识、理论的掌握程度，但是形成性评价或者平时成绩的比重相对较低，这会导致学生平时上课不认真、考前通过突击复习重点和背诵记忆等方式取得较高期末考试成绩的现象，从而致使教学考核的结果不能有效地对学生的学习情况进行评价。更严重的是，在分数导向的考核标准下，学生缺乏对经济学理论的深入思考，更缺乏运用理论知识对经济现象进行解读。

（四）对学科前沿发展把握不够

"城市经济学"隶属于宏观经济学，教学的目标主要是让学生熟练运用城市经济理论去分析国内外经济现象。因此，教师在教学时要注重学生能力的培养，充分利用大数据技术，引导学生探索式学习。在快速城市化的当下，伴随着城市化进程的加快，大数据背景下的城市问题研究在各种新思想、新理论、新技术推动中得到空前发展，其研究成果不断地影响和改变着我们所生活的城市。将城市经济学研究领域的相关新理论和发展前沿动态引入课堂，对从深度和广度拓展学生的知识面、开阔学生视野、培养学生创新思维具有重要意义。然而囿于课程设置等原因，当前城市经济学教学仍然拘泥于对教材中相关理论的讲授和公式推导，对学科最新发展动态和理论突破关注度不够，局限了学生的视野。

二、"城市经济学" 教学新模式探索

（一）深化教学内容

传统城市经济的研究模式与方法受到了信息缺乏时代、模拟时代小数据的限制，很难满足现代社会高效的、高精确度的预测需求，而大数据为更高效、更深层次地进行城市经济研究带来了可能。在大数据时代，数据从简单的处理对象逐渐演变为一种基础性的资源；信息技术的高速发展使云端形成了海量的原始数据。若能透彻分析这些结构复杂、数量庞大的数据资源，建立科学合理的分析模型，便能快速地将海量的原始数据迅速转化成有价值的信息，并从中探索、挖掘与掌握自然和社会的变化规律，创造新的价值增长点。城市经济学本质上是研究人类有目的的行为活动的一门社会科学，而大数据的产生、搜索、挖掘再到应用的过程，始终贯穿的就是人类的行为活动，通过数据之间的关联关系可以更加精准地体现出人类行为的价值。大数据带来的技术革新，将成为城市经济学研究方法创新的"催化剂"。由此，在大数据时代，传统城市经济研究受信息缺乏、小数据限制难以对城市经济活动进行精准预测的现象将得到极大改观。课程教学中对城市经济传统统计方法可适当简化而增强对各种新技术、新理念的引入，顺应大数据的搜索、挖掘、分析成为城市经济研究方法的主流趋势。例如，在城市交通章节学习过程中，在对拥挤的经济学理论分析基础上，可结合地上的卫星遥感、航空摄影测量数据以及地面的视频、手机、交通卡等智能交通系统中的传感设备记录的实时路况包括人流、车流等大数据，对交通模式及交通规制的内容进行分析，弥补传统教学主要利用静态交通数据或调查抽样数据的局限性。通过课堂教学，逐步加强了学生处理数据、分析数据的能力。

（二）创新教学形式

大数据的崛起将对传统教学形式产生巨大冲击，引发教学信息化的程度趋向深层次发展。首先，从课前的资源信息来看，以往任课教师积累的教学课程资料往往因教师学科背景不同、对教学内容理解的不同等，使同一门课程资源具有鲜明的个性特征。大数据环境下，对各种课程的网络化存储，所有跟课程相关的教学资料无论是文本、PPT，还是音频、视频资料都可以在"云端"可见，突出以学生为主体的服务意识，增强学生获取各种与课程相关的教学资料的机会。其次，从课中的教学方式来看，大数据打破传统的灌输式、讲解式、学生被动接受知识的课堂教学形式。对课程的知识点根据其内容的主次和难易程度，教师通过协调线上线下的教学内容，将更多的课堂时间用于学生主题演讲、反思辩论、师生对话等教学活动。对城市经济学中带有争议性的问题如对环境污染征税的问题、交通出行模式、合理的城市规模等可以采取反思辩论的方式，激发学生学习的积极性和创新思维，将教法和学法有机地统一起来。最后，从课后的教学效果来看，大数据能将学生学习过程中出现的一系列问题通过群体数据展示出来，有利于寻求隐藏在教学背后一些规律性的问题。

（三）丰富教学案例

大数据的诞生，使海量数据能够快速有效地被全面收集、整合、挖掘，借助网络平台实现数据共享，这也为课程教学提供了丰富的案例素材。城市经济学本质上是以城市为载体，研究人类有目的行为活动的一门社会科学。当前大数据给社会生产和人们的生活方式都带来巨大的变化。生产方面，机器代人的生产格局现象、服务去中介化的新商业模式、生态环境大数据建设等为城市劳动力市场分析、城市土地利用、城市环境等城市经济学相关教学内容提供大量案例素材。生活方面，利用网约车等智能出行、网络购物、智能旅游等，人们享受着移动智能终端普及带来的便捷。物联网的运用将这些海量信息全部覆盖，借助大数据分析方法优势突破传统数据建模的脆弱性，把这些与人们日常生活紧密相连的热点问题，通过科学方法上升为专业研究领域的典型案例。课堂教学引入这些热点问题，不仅加深了学生对理论知识的理解，提高了其理论联系实际、分析问题和解决问题的能力，而且通过对案例的讲解、分析、讨论，互动教学，鼓励学生积极参与，激发学习热情。部分学生通过参加校内外的相关专业领域比赛所取得的成绩印证了课程教学改革与时俱进的重要性。

（四）把握学科发展前沿

在教学改革实践中，课堂教学引入 21 世纪城市发展趋势的相关内容，对全球关注的智能城市、生态城市、健康城市发展趋势进行介绍，将大数据与未来城市发展相结合进行阐释，激发学生对数据运用、分析、挖掘的热情。除课堂教学外，通过举办学术讲座的形式，聘请校内外专家进行相关专题讲座，使学生能接触不同研究领域、不同学派的专家观点，感受学术的百家争鸣。如从城市规划视角来谈城市空间结构、从大数据下的居民出行时空行为来谈城市交通、从国家宏观经济政策谈城市住宅发展趋势等各种讲座有助于帮助学生理论联系实际、培养创新思维，不仅仅局限于书本基本理论的阐释。另外，通过课外作业的形式，引导学生关注当前学科发展前沿的各种读物，再结合课堂教学的内容，分别请学生就不同主题结合当前大数据的运用谈个人感想。学校还可以提供邮件、微信、QQ 以及校内教学平台网络探讨学术问题，增强学生学习的主动性、激发学生探索知识的欲望。

"经济数学"课程改革的几点建议

王 青

　　"经济数学"是经济管理类各专业学生的一门必修课和重要的基础课，它在经济管理学科中有着广泛的应用，是以现代数学方法为工具，研究和分析经济学、管理学中的各种数量关系的数学学科。"经济数学"在人才培养中具有其他课程无法替代的专业服务功能及素质培养功能，是培养学生思维品质、数学应用能力、探索精神和创造意识、终身学习、可持续发展的重要途径。"经济数学"的主要目的在于培养经济管理人才所必须具备的基本数学素质，它是培养大学生理性思维品格和思辨能力的重要载体，是开发大学生潜在能动性和创造力的重要手段。它对人才全面素质的提高、分析能力的加强、创新意识的启迪都是至关重要的。因此，"经济数学"作为经济、管理专业的重要基础课程，如何进行改革，在课程建设上形成特色，以适应21世纪教育发展的需要，适应人才培养的需要，是每个从事经济数学教学工作的教师需要认真思考和研究的重要课题。

一、课程设置

　　目前"微积分""线性代数""概率统计"这三门课是国内大多数高校经济管理类各专业学生的必修课，它们继承了数学学科的严谨性和自成一体的科学体系，对数学理论的要求较高，数学定理证明比较严格，不少例题、习题难度偏大，对偏文科经管类学生来说，缺乏可读性，不少学生学起来感到困难，有的甚至对"经济数学"产生惧怕心理，对学好该课程缺乏信心。而在国外不同的专业对于学生的数学要求不尽相同。一般而言，偏文科经济管理专业（如会计学）的数学要求比较低，然而对于希望毕业后从事金融行业、风险管理和进一步深造的学生来说，学好数学是必须的。从授课内容上看，各个专业并不是进行数学知识的简单增减和拼凑，而是根据各自培养目标，设计准确的课程定位和不同的教学要求。以经济学专业为例，表1是国外名校经济学专业对数学的基本要求。

表1　　　　　　　　国外名校经济学专业数学基本要求

学校	最低要求			最高要求		
	微积分	线性代数	概率统计	微积分	线性代数	概率统计
哈佛大学	一元微积分	无	统计基础	多元微积分	向量、矩阵、微分方程	概率论和随机过程初步
耶鲁大学	一元微积分	线性代数或多元微积分		多元微积分＋分析基础	线性代数	概率论与数理统计
芝加哥大学	一元微积分	无	概率统计	实分析	线性代数	概率统计
麻省理工学院	一元微积分	无	概率统计	多元微积分＋分析基础	向量、微分方程	概率统计

　　资料来源：陆立强，等：《关于国外高校经济学本科数学基础课程设置的探讨》，载《大学数学》（2010年增刊1），第86~89页。

　　数学基础课程的分层次教学已经成为国外高校的普遍现象，我们应该为学生提供从基本的一元微积分和概率统计基础组合到高级的数学分析基础、线性代数和概率统计等各种层次的选择，这既适合学生数学基础和能力不同的状况，也适合学生根据自己未来职业的发展而需选择不同的"经济数学"课程的愿望。目前"经济数学"的课程体系既未能使学生的逻辑思维能力得到预想的提高，也未能使其自身作为一门基础课、工具课的作用得到充分发挥，因此，为了使"经济数学"课程更好地为后续课程服务，可考虑在高年级安排一些选修课，如："数学建模""运筹学"等，这样能与已学的经济管理类各专业知识相联系，启发学生应用数学知识解决专业实践中所遇到的实际问题，加强学生学以致用的能力，培养他们的创新精神和能力。

二、教学方法和教学手段

由于"经济数学"课程抽象度高、内容复杂，教学对象是低年级，上课形式又是大班教学等因素，所以教学方法及教学手段显得尤为重要。在教学方法上，首先，要改变过去传统教学方式的单一性，强化"启发式"教学方法的实施。为了能促进师生互动，要适当减少教师讲授时间，增加师生交流的时间，给学生留下独立思考的余地。其次，教师应该以数学的人文精神培育学生的理性精神，平等地与学生讨论问题，让学生通过分析、讨论来寻找解决问题的方法，培养学生归纳、总结和解决问题的能力，提高学生的数学素质，鼓励学生大胆发表不同的见解，激发学生的创新意识，培养学生的创新精神和创新能力，细心地发现和肯定学生的点滴创新。老师的言行对刚进大学的低年级学生影响很大，因此老师更应该争取做学生的良师益友，处理好教师主导和学生主动的关系，提高学生学习的兴趣。

在教学手段上，要充分运用多媒体教学方式。可以利用事先做好的多媒体课件，以擦除式、自左向右式，配合学生的思考，以适当的速度呈现内容，这样可以加大课堂的信息量，使较为抽象的内容通过图形、动画等演示更直观化，加深学生的理解。在教学中还要逐步辅助运用矩阵实验室（Matlab）等数学教学软件，将传统数学知识与数学软件的有关内容有机结合，采用"粉笔＋讲授＋计算机演示＋数学实验"的教学模式，通过实验增强学生的实践动手能力，提高学习效率。

三、考试评价机制

随着教学改革的发展，"经济数学"考试制度得到了一定的改进，一般的情况是以平时成绩的 20% 和期末卷面成绩的 80% 累加，考试内容以任课教师课堂强调内容为主，卷面的分数仍占有相当的比例，这样的考核制度沿袭了应试教育单一、僵化的考试制度，与培养应用型人才的目标不相适应。一些学生在考试中成绩虽高，但在实际中并不能灵活应用数学进行分析、建模，解决经济和管理领域的实际问题。因此，考试不能客观地对学生进行实际综合能力的检测。

在使学生熟练掌握数学基本内容的基础上提高他们解决实际问题的能力，才是我们的教学目的，为此考核学生的方式也应该是主要考核学生真正解决实际问题为标准。在大力倡导经济数学教学改革和实践的今天，多元性的评价方式必须应用到经济数学评价体系中。我们应尝试对"一张考卷定成绩"的考试制度做进一步的改革，在考核中增加解决经济领域实际问题考核的方式，增加实践环节。在闭卷考试的基础上，增加开放型的读书报告、实验报告。运用这种形式的考试方式，也能真正检验课堂上教师所传授的经济数学计算方法是否内化成学生自己的知识，而纳入学生原有的知识结构中。让学生真正体验数学计算方法在经济领域的重要性，体验成功的快乐。同时，这也可以培养学生用定性与定量相结合的方法处理经济问题的初步能力，激发学生学习"经济数学"的兴趣。

参考文献

[1] 陆立强，等：《关于国外高校经济学本科数学基础课程设置的探讨》，载《大学数学》2010 年第 26 卷增刊 1，第 86～89 页。

[2] 钱林，等：《〈经济数学〉课程体系、教学内容改革研究》，载《扬州大学学报（高教研究版）》2001 年第 5 卷第 2 期，第 70～72 页。

［3］郭志军：《经济管理类专业经济数学教学改革研究》，载《北方经贸》2008 年第 2 期，第 157～158 页。

［4］丁华，等：《经济数学课程教学研究》，载《牡丹江师范学院学报（自然科学版）》2012 年第 2 期，第 50～51 页。

翻转课堂应用于"国民经济管理学"课程的教学设计

杨爱兵

"国民经济管理学"是辽宁大学国家级一流本科专业建设点"国民经济管理"专业的主干课。该课程的课程目标：一是坚持立德树人，将课程思政元素融入教学过程中；二是坚持以学生发展为中心，致力于开启学生内在潜力和学习动力，做到知识、素质、能力协调发展；三是坚持以真实问题为导向，注重课程的创新性和挑战度，目的是提高学生发现问题、提出问题、分析问题和解决问题的能力。翻转课堂是实现上述目标的途径之一。

一、传统课堂的局限性分析

（一）教学场所

目前中国高校的经济类课程尤其是专业基础课大多采用中班、大班教学模式，在阶梯教室中上课。老师与学生上课的位置基本固定，桌椅无法移动。老师无法走近学生近距离与学生交流讨论。每个教室内部构造基本相同，同样的讲台位置，同样的黑板尺寸。学生唯一的选择就是根据个人学习兴趣浓厚与否选择教室的前后位置。

（二）教学方式

高校中的多数老师都是站在讲台上讲，学生在下面被动地接受知识，努力地听和记。这种教学方式虽然老师的自由度比较大，但也很辛苦，课前需要准备大量的资料，以便在课堂上灌输给学生。这样的课堂没有师生之间的交流互动，课堂的节奏是由老师一个人掌控的，而且这个节奏是单向的，老师占绝对主导地位，学生们没有表达自己想法的机会，这种被动的学习习惯让他们变得更加"顺从"，不会主动地对他们所学的知识点进行思考和探究，而且很难做到全身心投入。上述这些特点的传统教学模式往往造成课堂气氛不活跃、枯燥无味，很难激发学生们的学习兴趣和热情。

（三）考核方式

传统考核方式主要分为平时成绩与期末成绩两部分，大部分院校的设置比例：平时成绩占 20%～40%，期末成绩占 60%～80%（柏乃宇，2020）。平时成绩主要依据于考勤、作业等，占比 10%～20%。期末考试的成绩在总成绩中占比较大。这样的考核方式导致了不好的学习氛围，平日里学生不认真听课，期末前一周开始"临时抱佛脚"，考验着每位学生的短时记忆能力，考后便忘光，这样根本无法达到这门课程设计的初衷。

二、翻转课堂的基本内涵

翻转课堂也称为颠倒课堂（张金磊等，2012）。该理念最早出现在19 世纪早期，西点军校的上校西尔维纳斯·萨耶尔有一套他自己的教学方法，即在课前，学生通过教师发放的资料对教学内容进行提前学习，上课时间则用来进行批判性思考和开展小组间协作解决问题，这种教学形式已经具备翻转课堂的基本理念。它将传统教学模式中"课堂上听教师讲授，课后做习题巩固"的教学方式进行"颠倒"或"翻转"，变成课前教师创设教学情境，提出教学问题，制作教学视频，让学生先自主学习，回到课堂上，师生一起完成作业答疑，使学生在课前自主学到的知识在课堂上内化吸收与掌握，师生协作探究和互动交流。

三、翻转课堂相较于传统课堂的优势及创新

通过表 1 中翻转课堂与传统课堂的对比，可以很直观地看出翻转课堂的优势。

表 1　　　　　　　　　　　**翻转课堂和传统课堂总体对比**

项目	传统课堂	翻转课堂
教师	知识传授者、课堂管理者	学习引导者、促进者
学生	被动接受者	主动研究者
教学形式	课堂讲解＋课后作业	课前学习＋课堂探究
课堂内容	知识讲解传授	问题探究
技术应用	内容展示	自主学习、交流反思
评价方式	传统纸页测试	多角度、多方式

资料来源：何虹瑾：《翻转课堂与形成性评价结合的教改探索》，载《南昌教育学院学报》2015 年第 30 卷第 1 期，第 74～76 页，第 95 页。

（一）"翻转课堂"有助于构建新型师生关系

"翻转课堂"改变了学生在教学中的被动地位，拉近了师生距离。教师从主要讲述者转变为学习的指路人，在学生的课前自我探索后，引导学生更深入地学习，弥补自己自学时知识方面的不足，及时改正学生可能出现的理解错误。

（二）"翻转课堂"富有人性化、个性化特点

翻转课堂教学模式包含学生通过视频自我学习。视频学习使学习更加灵活，每个学生可以根据自身情况调节学习进度，从而达到踏实掌握每个知识点的目的。翻转课堂有利于引导每一个学生都参与到教学活动中，不仅能够促进学习者的知识获得和内化，更重要的是有利于学习者思维品质的提升（何婧，2020）。

（三）"翻转课堂"考核方式创新

翻转课堂打破传统单一的期末试卷的考核方式，降低期末考试所占比例，加大平时成绩占比，形成性评价成为主要的考核方式。例如，加入课前学生自主观看 MOOC 平台上视频累计时间的成绩和平台小测成绩，课中个人展示和小组团队展示成绩等，目的是更全面地检测学生的学习投入与学习程度。

四、"国民经济管理学"课程翻转课堂设计思路

（一）课前知识学习模块

翻转课堂模式的兴起，同样给教师带来挑战。教师首先要根据教学计划中每章节的教学目标以及重难点的设定，再将内容细致分类，如哪些内容适合通过视频的方式让学生课前自学？哪些内容值得学生去思考与讨论，作为思考题留给学生？哪个部分可以让小组为单位进行课堂展示？其次教师所制作的视频是翻转课堂的重要环节之一。因为学生的自学能力有限，视频的内容应该更利于学生理解。课程团队录制的在线开放课程"国民经济管理学"于 2019 年在学堂在线平台上线，学习本门课程的同学们可以很便利地利用平台上丰富的视频、课件、文字、习题资料进行预习。

（二）课中知识内化模块

本模块的核心理念是以学生的发展为中心。课堂内容主要分为教师重难点剖析、学生展示、学生互评及交流以及教师总结。首先，教师应针对本节课的重点疑难问题进行讲解，强化同学们对知识的记忆。其次，让学生展示成为本模块的主体，分为个人和团队展示两种。再次，其他同学对本节课展示学生的选题、内容、形式等进行点评，学生之间进行交流，甚至展开争论、辩论。最后，老师对本节课学生的各方面表现进行总结。其中学生展示环节是本阶段的重点，下面结合"国民经济管理学"课程所讲授内容的特点，提出三种学生课堂展示形式。

1. 一周经济热点新闻速览

学生自主报名，每周一人。新闻小主播要收集一周以来省内、国内、国际发生的经济热点新闻，再进一步提炼既有代表性，又与我们生活息息相关的主要新闻（6~8 条新闻即可，时间在 10 分钟以内）。例如，2020 年 12 月 3 日至 9 日的辽宁省内新闻："十四五"时期辽宁形成以沈阳、大连"双核"为牵引的"一圈一带两区"新布局；中俄东线天然气管道中段工程（辽宁）正式投产运营。国内新闻：国家统计局披露的 11 月中国制造业采购经理指数（PMI）为 52.1%，创 2017 年9 月以来的新高；11 月中国全国居民消费价格（CPI）同比下降 0.5%，与前值持平，环比下降 0.6%，较前值下降 0.3%，降幅有所扩大；美团发布第三季度惊人业绩成绩单。国际新闻：黄金大跌和比特币大涨引热议等。这个环节的目的是培养学生养成随时关注正在发生的各种经济热点新闻的好习惯，从课程思政元素来看，有助于提高学生的社会责任意识和家国情怀。

2. 学生小讲堂环节

学生自主报名，每堂课安排 1~2 人，每人 8~10 分钟。学生要找到本课程本单元中自己感兴趣的一个小知识点，进行探究。由点到线再到面地收集相关资料，进行知识拓展，整理好资料后在课堂上与老师和同学们分享。例如，新冠疫情期间，有的学生讲"地摊经济　烟火重聚"，从地摊经济的内涵，到地摊经济的优势与存在问题，再到从政府规制角度谈对地摊经济乱象的管理。有的学生关注了中国人民银行启动贷款市场报价利率（Loan Prime Rate，LPR）改革，就第一时间带来了"LPR 的那些事儿"的主题演讲。介绍了什么是 LPR 和我国 LPR 的改革历程，重点分析了为什么改革以及该不该选 LPR。这个环节的目的是培养学生从多角度、多领域去思考问题，去探究经济现象背后深层次的原因，符合国家打造"金课"需求，将知识、能力、素质有机融合。

3. 团队展示环节

4~6 人一组，老师利用教学软件随机分组，会打破平时关系好的同学在一组的现象，实践证明不是很熟悉的同学组队更容易碰撞出灵感。每组组长（鼓励自荐或同学推选）带领组员讨论并分工协作。每组的选题很重要，它既要是本门课程中重要的知识点，也要是社会热点问题，这个问题需要一个团队来齐心协力地探究。例如在以"党的十九届五中全会公报"为专题的团队展示中，8 个不同的团队分别展示了：坚持把发展经济着力点放在实体经济上，坚定不移建设制造强国、质量强国、网络强国、数字中国；推进产业基础高级化、产业链现代化；畅通国内大循环：加快构建完整内需体系；开拓高水平对外开放新格局；科技放飞梦想，创新点亮未来；区域协调发展；数字经济，辽宁新动能；网络强国之路怎么走；以人为本的新型城镇化。其中每一点作为探究主题，都具有挑战度和高阶性。团队展示能够培养学生们发现问题、提出问题、分析问题和解决问题的能力，提高学生们协调沟通能力和思辨能力。展示形式可以多样化，例如，采用焦点访谈、对话、小品、话剧、辩论、采访调研等形式，老师要相信学生们的想象力和创造力，一定会给师生带来惊喜。每组展示时间为 30 分钟比较适宜，各组之间互评，老师点评。从课程思政元素来看，有助于培养学生的探究意识和团队意识。

课程在讲到区域经济战略时，2018 级国民经济管理专业张舒畅团队以东北老工业基地振兴战略为背景演绎的情景剧，写的是一家祖孙三代人的故事：爷爷父母都是辽宁国企的工人，爷爷经历过东北的兴盛，眼里有光，父母下岗，孩子求学，纠结毕业后去向，最终决定回来振兴东北，为家乡发展作贡献。演绎过程中穿插了专家学者从机制原因、体制原因、政策因素、人才因素等方面进行分析。

课程讲到产业经济政策这一章时，2018级国民经济管理专业丛嘉伸团队以快递行业为例，讲述了快递行业的前世今生。葛禹泽扮演了一个"穿越"回古代的"行夫"，给我们科普了中国古代快递行业的发展。他们团队主要阐述了快递行业对国民经济发展的影响，然后以一种庭审纪实的形式表现了传统国有中国邮政和现代民营韵达，因为一起官司所反映的它们之间不同的发展理念、不同的经营特点、不同的服务意识等。

（三）课后知识拓展模块

教师结合课前学生通过教学平台（MOOC）自主学习情况、课堂展示、交流讨论情况以及课后问题修改、知识应用情况给出综合性评价，以便激励学生更加踊跃地参与后续学习活动。课后学生要结合教师要点解析、教师评价和学生互评情况，全面总结归纳知识要点及应用来构建自己的知识体系，提高总结归纳能力，体现高阶性。

（四）教学场所

像翻转课堂这种好的教学理念和教学设计，如果有现代化的智慧教室助力，即将信息技术、智能技术与教学改革深度融合，会起到事半功倍的效果。例如，智慧教室中的小组信息岛、讨论墙工具，多屏调度系统，会充分调动学生的积极性，以学生的发展为中心，加强师生互动和学生互动，也是老师和学生向往的教学场所。辽宁大学智慧教室，"国民经济管理学"的授课场所（见图1）。

教育部副部长吴岩在2018年《建设中国"金课"》中指出金课可以归结为"两性一度"：高阶性、创新性和挑战度（吴岩，2018）。翻转课堂的教学模式便符合打造"金课"的要求，有助于达到更好的教学效果，因此值得被进一步研究与推广。

图 1　智慧教室

资料来源：作者自行拍摄。

参考文献

［1］柏乃宁：《"互联网＋翻转课堂"打造本科"金课"教学改革探索》，载《安徽建筑》2020 年第 11 期，第 134～135 页。

［2］张金磊、王颖、张宝辉：《翻转课堂教学模式研究》，载《远程教育杂志》2012 年第 30 卷第 4 期，第 46～51 页。

［3］何婧：《国内翻转课堂研究现状与反思》，载《山东农业工程学院学报》2020 年第 6 期，第 106～109 页。

［4］吴岩：《建设中国"金课"》，载《中国大学教学》2018 年第 12 期，第 4～9 页。

基于 PBL 理念的"经济数学"教与学模式

王 青

随着时代的进步，经济的发展，国际社会竞争的日益激烈，对具有高素质的综合型经济人才的需求日益增强。而在科技迅猛发展的今天，要培养高素质的经济人才，除了要具备必有的专业课知识，同时还离不开扎实的数学基础，只有具备数学素质的人才才能更好地接受新知识和新技术，以提高应用知识能力和解决问题的能力，才能更好地适应经济发展的需要。

一、研究意义

"经济数学"是经济管理类各专业学生的一门必修课和重要的基础课，是以现代数学方法为工具，研究和分析经济学、管理学中的各种数量关系的数学学科。"经济数学"的主要目的在于培养经济管理人才所必须具备的基本数学素质，它是培养大学生理性思维品格和思辨能力的重要载体，是开发大学生潜在能动性和创造力的重要手段，它对人才全面素质的提高、分析能力的加强、创新意识的启迪都是至关重要的。因此，"经济数学"作为经济、管理专业的重要基础课程，如何进行改革，在课程建设上形成特色，以适应 21 世纪教育发展的需要，适应人才培养的需要，是每个从事经济数学教学工作的教师需要认真思考和研究的重要课题。本文拟探索以培养经济管理领域创新人才为目标的经济数学课程教学改革，以期财经类专业毕业生不仅具有扎实的数学基础，而且具有提升发现问题和解决问题的实际能力，具有一定的现实意义。

目前，"经济数学"作为经济与管理专业的基础课受到越来越广泛的关注和重视，而同时对"经济数学"的教学要求也越来越高。但长期以来经济数学的教学内容和方法基本沿用过去已形成的相对稳定的固有模式。全国高校95个一级学科排名榜显示，辽宁大学理论经济学、应用经济学、工商管理等专业均处于全国前列，以经济学院和商学院为主每年向社会输送财经类专业毕业生近2000人。如果在经济数学教学过程中培养学生创新性思维、创新性意识，让学生体会到经济数学的思维和理念如何慢慢渗入经济管理的各个领域，加强培养学生具有独立探索精神、不断探求新知能力，注意经济数学不仅传授的是理论知识，更主要的是数学思维。这样当学生真正毕业后走入社会才不会觉得自己"学无所用"，才不会抱怨"专业不对口"等。因此，期望本文研究成果能够应用于辽宁大学经济管理专业"经济数学"教学中。在对"经济数学"课程的改革研究与实践中，以期学生真正意识到"学以致用"；培养国家和社会需要的创新型人才；将创新思维、探索求知意识渗入国民经济社会的各个领域。

二、国内外研究现状

目前，国内外专家学者对于培养大学生经济数学创新能力进行了系统深入的研究。杜宾斯基和麦克唐纳（Dubinsky and MacDonald）认为更多地利用小组合来培养经济数学创新能力会更加有效。美国研究型大学人才培养强调"宽口径、强基础、跨学科"，哈佛大学的通识教育课程包括美学的阐释和理解、文化和信仰、道德推理、生命系统科学、宇宙物理科学和实证数学推理等，提倡文理交叉，均衡发展，鼓励学生跨专业选课促进学科间渗透；马里兰大学的"世界课程"将自然科学与人文社会科学领域的知识整合在一起，比如数学、音乐和建筑学专业教师讲授"创造性的动力：音乐、建筑学和科学中的创造力"，为学生搭建了既深又广的知识结构体系，促进学生适应能力和终身学习能力的发展。有的研究成果从理论角度探讨创新人才培养中数学教学改革，比如王晓东（2012）、刘彩云（2014）指出，拔尖创新人才培养中数学教学体系改革应从课程体系结构、教学内容和教学过程三个方面展开研究；窦盼英（2013）认为，实施"课堂教学""实践教学""校园文化活动""三位一体"的人才培养体系对全面提高学生的创新能力、学习能力、实践操作能力有显著效果。有的研究成果从实践角度探讨创新人才培养中数学教学改革，比如王丽静（2015）从创新人才培养视角出发对沧州市四所高校非数学专业数学课程体系改革进行了探索；王晓丽（2015）以内蒙古财经大学为例，对提高财经类高校学生学习数学主动性方法进行了研究；刘春洁（2013）研究了高职院校"高等数学"课程的教学模式、手段和方法；宋千红等（2014）探讨了研究性教学与创新人才培养的关系，以及高等数学教学中研究性教学的实施模式。

综上可知，国内学者针对创新人才培养的数学教学改革已经有了丰富的研究成果，但是缺少针对以学生为中心、以解决实际问题为导向的"经济数学"教学模式改革研究与实践的研究，更没有针对辽宁大学实际情况的实践研究。与传统的以学科为基础的教学法有很大不同，问题式学习（PBL）强调以学生的主动学习为主，而不是传统教学中的以教师讲授为主；PBL将学习与更大的任务或问题挂钩，使学习者投入于问题中；它设计真实性任务，强调把学习设置到复杂的、有意义的问题情景中，通过学习者的自主探究和合作来解决问题，从而学习隐含在问题背后的科学知识，形成解决问题的技能和自主学习的能力。

因此，本项研究拟针对辽宁大学经济管理类专业，以学生为中心、以解决实际问题为导向的"经济数学"教学模式改革研究与实践，通过经济数学课程过程中的思维能力发展，促进学生创造意识、创新能力和创新精神的培养，为社会输送时代需求的具有财经类专业素养的拔尖创新人才。

三、研究依据

依据教育部关于高等院校经济管理类高等数学教学的基本要求，遵循教育人才培养的基本规律，结合教育教学改革的现状，坚持以人为本，以学生为中心，使教学过程成为有意义的"教"和有意义的"学"，营造鼓励性教学氛围，树立高层次教学目标，建立适当的教学评价方式，创立高等数学新的教学内容和课程体系，实现"专业性质不同，开设课时不一，目标要求不同，侧重内容各异，精选传统内容，渗透现代知识，保持严谨传统，重在知识应用"的改革目标，有效地促进学生个性、全面、和谐和可持续的发展。研究的重要理论依据是教育部发布的《教育部关于启动高等学校教学质量与教学改革工程精品课程建设工作的通知》，此文件要求各高等学校要认真规划、精心组织和尽快启动本校精品课程建设工作，并保证精品课程的可持续发展。在组织精品课程建设时，要以基础课和专业基础课的精品课程建设为主，充分考虑学科与专业分布以及对教学工作的示范作用，把精品课程建设与高水平师资队伍建设结合起来。在高等教育中，课程基本理论主要有学科中心论、活动中心论、知识结构中心论、问题中心论等。这些基本理论都是本项研究的重要理论基础。

四、主要研究内容

（一）课程教育目标研究

近几年来，我们对辽宁大学经管类毕业学生进行经济数学课程教学调查，对在校生进行问卷调查，召开各专业课教师座谈会，多渠道多方式收集经济数学教学改革的信息和数据，收集师生对经济数学教学内容和课程体系改革的意见。通过广泛的调查，使我们进一步掌握了毕业学生学数学、用数学的情况，了解在校生对经济数学课程内容和体系改革的意见，进一步掌握了各专业对经济数学课程内容的基本要求，初步明确了高等数学课程教育目标。

任何课程的教育目标都是促进学生的全面发展。经济数学课程是经管类各专业的公共基础课程，我们把其教育目标分解为四个具体目标：引导学生自我增进一般科学素养、提高社会修养、提升身心健康水平以及形成和发展数学品质。其实质就是让学生逐步了解"数学的精神，方法和应用"，使学生认识到数学精神无处不在：让学生有一双数学的"眼睛"，能丰富他们观察世界的方式；让学生有一个睿智的头脑，能帮助他们进行理性思维；让学生有一颗好奇的心，点燃他们心中求知的欲望；让学生掌握一套研究模型，使它成为他们探索世界奥秘的"望远镜"和"显微镜"；让学生有更多新的机会，使他们在交叉学科中寻找乐土，以他们的勤奋和智慧去发明和创造。

（二）教育理论研究

21世纪的数学教育责无旁贷地承担起了人的发展的神圣使命，它必须从传统、狭隘的数学教育发展现状的桎梏中解放出来，而获得一种对"学科本位"的超越，去关注学生在高等数学课程教学中的主体地位。要实现这种超越，就必须用数学教育理论作为经济数学教学改革研究和实践的先导。我们对数学教育理论进一步深入地学习和研究，在研究过程中，撰写研究论文，为本成果的形成提供了十分重要和不可缺少的理论准备。

（三）教学内容和课程体系改革研究

在调查研究和理论研究的基础上，我们明确了经济数学教育目标，形成了教学改革方案，教学改革方案的核心是把经济数学课程内容分为三个模块，即基础模块、应用模块和提高模块。"基础模块"是教学内容的主体，它包含经济数学课程中的最基本的内容，对所有专业的学生都是必修课。要求教师精讲细讲，让学生熟练掌握，通过这些最基本的训练，让学生掌握实际工作和一般研究中常用的数学工具和基本的数学思想。一方面满足后续课程对数学的要求；另一方面使学生具备初步的应用数学知识分析问题和解决问题的能力。"应用模块"是教学内容的核心，其内容主要体现在一个"用"字上，由专业课教师和数学教师共同研究确定。根据不同专业设置不同的应用模块，其特点是体现专业性，让学生感受"数学就在我身边"，授课方式相对灵活，采用"讨论式"或"双向式"教学。这种跨学科教学模式的设置，对学生思维方式及创新能力培养是十分有益的，也是一种全新的尝试，从某种意义上说它正是多学科交叉融合的切入点，符合培养应用型人才的要求。"提高模块"是对教学内容体系的完备，它的内容是为学生所学专业对数学课程有特殊要求或准备继续深造的学生设置的。教师应适当介绍一些现代数学思想、方法和一些研究内容，让学生对目前最新的数学工具及其发展趋势有所了解，以便他们日后自学。

（四）举办教改实验班，进行教学改革实践

我们对经济学院经济学类的同学开设高等数学这门课程，其目的是培养学生的数学思维能力。我们做了以下尝试。

（1）对于刚上大学的学生，在第一章中就严格地讲授实数的定义。这是因为学生们早已在初中二年级就已经知道"无限不循环小数是无理数"，"有理数和无理数统称为实数"。要讲清"无限不循环小数是无理数"及"无限循环小数是有理数"，必须引入极限的概念。我们分析了以往大多数数学分析课本对于实数概念的讲法，感到常用的戴德金（Dedekind）方法，即使是对于高年级学生，也是费解的。而且这种分割的方法，要用到有理数之间有大小关系这一特殊性质，不能推广应用于一般距离空间的完备化。我们承袭学生从初中就已接受的认识，着力用极限的观点把这个概念讲解清楚。即使部分学生一时理解不透，以后在学距离空间的完备化的时候，认识也必有大幅提高。这可以说是本课

程第一个"打破常规"的地方。

（2）实数讲清楚后，下面逻辑上就会很顺畅。我们没有等到后面单独讲授级数理论时才遇到 $\sum$。事实上，学生们在中学早就知道等差级数和等比级数。讲完数列的极限，级数的概念自然就出来了。给学生们讲清楚这就是他们在中学就知道的指数函数。学生们早就熟悉这个函数的各种性质了。但是，不使用极限概念，就不可能真正理解这个函数。

（3）把单变量和多变量放在一起讲，目的有两个。其一，强化学生对于多变量函数的认识。现代科学技术的发展对于多变量函数的理论的需求越来越高。针对以往对于多变量理论的讲述不够充分以及把单变量和多变量分开讲的负面效果，尝试把单变量理论与多变量理论统一起来讲是有益的。何况学生们在中学阶段的学习中已经与一元初等函数打了 6 年的"交道"，有了接受多元函数概念的基础。这是主要目的。其二，节约了大量篇幅。当然，在讲多元函数的导数时，一方面要把一元函数作为特例同时也是最基本的情况讲透彻；另一方面又要强调多元与一元确有本质上不同的地方，不可一概把多元情形看作一元情形的简单推广。另外，要花些力气把多维空间之间的变换，特别是可导变换的概念讲清楚，这将是多元积分变量替换的理论基础。

（4）对于求原函数（不定积分）的技巧部分，做了适当压缩。我们分别在第一和第三学期末做了问卷调查，学生学习数学课程的兴趣明显提高了，解决数学问题的能力也有所增强。

（五）引进先进教学手段，制作多媒体课件

"经济数学"是经管类本科生必修的重要的基础课，也是经济学硕士研究生入学考试的一门必考科目。整个课程中的基本概念、理论与方法有较强的随机性，它具有自身独特的陈述语言、思维方式及解题思路。它又与自然科学、社会科学及社会生活都有着紧密联系，从而有广泛的应用性与实用性。根据"经济数学"课程的特点，我们给该课程

的定位为八个字：加强基础，强调应用。

教学中突出数学思想，注重学生创新能力的培养，将传统数学知识与数学软件的有关内容有机结合，采用"粉笔＋讲授＋计算机演示＋数学实验"的教学模式，在经济数学课程教学中有选择地引入计算机教学。在学时较少的情况如何要求教师能精讲教学内容，使学生能学得懂、学得透，能较快地适应这门课程的特点是在课程建设中需要深入研究的课题。为了认真研究经济数学课程的特点和最新发展方向，我们广泛收集了教学资料、教学经验与教学方法，借鉴了国内外同类课程改革的经验，依据高等院校数学课程指导委员会提供的教学大纲和新时期对人才知识结构的要求，整合课程内容，增加应用性和方法性的教学内容。根据内容的不同，采用相应的教学手段，既要充分利用现代化教学手段提高课堂教学效率，又要适时利用传统板书强化学生对知识的理解和接受。

五、主要实践内容

（一）教学的内容以实用性为主线

首先，在"微积分""线性代数""概率统计"课程设置上，要与已学的经济管理类专业知识相联系，启发学生利用数学知识解决专业实践中所遇到的实际问题，加强学生的数学应用意识和应用能力，培养他们的创新精神和创新能力。其次，课程内容的选择，应以实用性为主，以有利于学生数学思维方法的培养和数学能力的发展内容为主。

（二）教学方法以"启发式"教学为主

处理好教师主导和学生主动的关系，提高学生学习的兴趣。在教学中，改变过去传统教学方式的单一性，强化"启发式"教学方法的实施。为了能促进师生互动，适当减少教师讲授时间，增加师生交流的时间，给学生留下自己独立思考的余地。部分教学内容引入数学建模案例，让学生通过分析、讨论来寻找解决问题的方法，培养学生归纳、总结和解决问题的能力，提高学生的数学素质，鼓励学生大胆发表不同的见解，激发学生的创新意识，培养学生的创新精神和创新能力。

传统教学模式——以课堂、教师、书本为中心，学生处于被动接受知识的地位。在这样的教学环境下，经济数学的教学难免偏向于强调推理的严密性和计算的精确性。但是，经管类学生大多是文科生，他们更偏向于直观思维及形象思维，而逻辑思维及辩证思维总体较弱。这就要求教师应当顾及全体学生的认知特点，有针对性地因材施教，也就是说，教师除了要"备课本"，更需要"备学生"，针对学生的情况，采取适当的教学方法。除了传统的讲授法以外，还应适当地运用讨论互动法等教学方法引导、启发学生思考，而且在教学的过程中可适当地减少定理的推导证明，转而强调其在经济领域中的实际应用。

例如，对于数学定理的证明，可以让学生以情景推导的方式通过合理猜测尝试归纳、猜想及论证。定理的论证可以结合文科学生的思维特点，采取直观形象的描述，而无须马上采用由抽象符号表达且有着严谨逻辑的推理，毕竟大部分经管类学生难以快速接受严谨的证明推导。简而言之，应当选取能使学生既感兴趣又有助于知识理解和掌握的教学方式。

（三）重视经济数学课程对后续专业课程的衔接

改变以往只把"经济数学"看作一门简单的基础课，要重视这门课程对后续课程的重要性和紧密的联系，以及对学生思维培养的关键性。这在很大程度上对教学队伍有一定的要求，要求"经济数学"的教学队伍要积极地关注专业课程的动态，关注数学在经济领域的发展，更好地把数学与经济学专业课结合起来，不要再单纯地认为"经济数学"只是一门简单的基础课而已。转变基础课教师不用搞科研的旧观念，提倡在搞好教学的同时，积极进行科学研究和教学研究，只有教师本身在研究中不断进步，才能体会到学问的真谛，才能在教学中潜移默化地教给学生，才能掌握教育改革的方向。

（四）基于学生现状的教与学模式改革

大学的教学机制与中学有着巨大的差别，这也导致了很多学生在入学之初并不适应大学的学习。这先是体现在师生交流方面，除了课堂时间以外，教师极少与学生有交流的时间与机会，因此师生之间难以及时地进行教学沟通与互动。此外，由于课时紧张，教师极少设置辅导课与讨论课，但是数学的学习离不开习题的解答与方法的讨论。在没有沟通和互动的大环境下，就算成绩较好的学生也只能勉强跟得上教师的思路，极少能主动在课后更深一层地学习思考与自主探究。这种现状所造成的后果是学生在教师授课结束后，就没有再对课堂的知识进行深入思考，也无法真正地理解、消化和掌握课本知识，因此不少学生觉得上课能听懂的内容，但在解题时却无从入手，造成了学习信心和积极性的缺失。越是对知识掌握不到位的学生，越是对"经济数学"的学习感到畏惧与厌烦，既没有兴趣也没有勇气去寻求答疑解惑，问题的堆积越来越严重，对"经济数学"的学习越来越没有信心，导致了恶性循环。这种师生之间在教学上互动机制的严重缺失是阻碍"经济数学"教学质量难以提高的重大障碍。为此，有必要建立起一套本科学生之间的帮扶机制。与教师相比，同为学生的高年级学生往往更能理解和体会到刚刚接触高等数学学习时的困难与需求，在辅导学生的同时也会加深自身对知识的理解，拓宽自己的知识面。另外，随着网络的广泛应用，在作业安排上，可以借助网络题库系统，在章节学习后，学生可以从题库中随机抽题，在网络上完成并提交，以此作为平时成绩依据。另外，教师也可以通过网络对学生的作业完成情况进行分析、辅导和答疑。

六、形成的重要观点

大学经济类数学课程建设必将对知识经济时代渐趋来临、人才综合素质竞争更趋激烈背景下我国高等教育大众化等人才工程具有相当重要的战略意义；数学学习内容及过程内含的特殊教育功能使更深更全的数学教育背景必将成为知识经济时代人才综合素质竞争的重要内容；加快大学经济类数学课程建设的实践与理论探讨是我国在 21 世纪有效掌控人才战略制高点的重要举措。本项目是为了实现本科院校教育的人才培养目标，提出以基础知识和技术应用能力培养为主线，专业课以"应用为目的"教学改革思想，把理论与应用结合起来学习，强调以掌握概念、强化应用作为教学的重点。

七、今后的设想

这一阶段教改实践工作，在教师与同学的共同努力下已圆满结束。通过这次教改活动，锻炼了教师，取得了经验，为进一步教学改革奠定了基础。教师应自始至终注重数学思想教育，数学方法教育。教学应该因人而异，只有受到与自身能力相适应的教育，才能取得好的效果。对于辽宁大学微积分教学效果不佳、不及格率偏高的局面，不仅要有好教材，还需要教师队伍的建设，以及提高学生的积极性等多方面的改革才能得到解决。数学教学改革是一个复杂的系统工程，要使数学教学改革有突破性的进展，必须做多方面的改进，它是几方面综合作用的产物。处理好教学手段与课堂教学形式等问题、理论与应用的问题、经典与现代的问题等，能让大多数同学变被动学习为主动学习，认为数学有趣、有用，那么我们的数学教学改革就可以认为成功了。总之，经济数学教学改革任重而道远，还需继续探讨。只有千千万万第一线的数学任课教师广泛参与，才会走出数学教学改革的成功之路。

我们还需在以下两方面做进一步研究。

继续深入研究数学教育理论，在数学教育理论的指导下，解决和处理好大众化教育阶段数学教育领域里的一些关系和矛盾。例如，数学课程的统一性与选择性；书本知识和系统性学习与数学知识的应用性学习；数学教育必要的稳定性与社会发展对人的数学素质要求的变化性；

学生自主学习与教师帮助学习等关系或矛盾，既有数学教育理论问题，同时也是数学教育实践问题，这些问题研究得比较清楚，本课题的理论研究成果才会更加丰富。我们拟就这些关系和矛盾，结合我们的数学教育实践，进行深入的研究，发表论文，形成理论成果。

不断形成其他研究成果。继续在学生和专业课教师中调查研究，广泛征求他们对经济数学课程教学基本要求、应用要求的意见，修改和完善调查报告以及教学改革方案；在已进行数学教育评价工作的基础上，加强数学教育评价和理论研究，大胆实践，不断改进评价工作，形成完备的数学教育评价体系；加强教学方法的改革，根据经济数学课程的特点，教师面对面地给学生分析概念、讲解证明思路，传统的教学方式和方法仍然是主要的，但我们必须建立和使用计算机辅助教学系统。

基于学习产出的教育理念（OBE）的社会调查理论与实践课程化改革研究

吴振华

　　"基于 OBE 理念的社会调查课程建设及应用实践"这一研究针对经济学类大学生社会调查理论与实践课程化改革展开分析，研究主要集中于五个方面：根据社会需求确定课程培养目标和能力指标体系、利用项目驱动实施课程培养过程、行业专家全面参与课程建设、引入形成性评价变革学生考核方式以及通过教学反思实现课程持续改进。本研究主要从上述五个方面的教学改革加以研究。

　　"基于 OBE 理念的社会调查课程建设及应用实践"这一研究的核心目标是建立"以学生为中心，突出学生实践能力的培养，以成果产出为导向的经济学类大学生教学体系"。具体目标包括：（1）人才培养与社会需求匹配目标，强化学生参与社会调查实践，培养学生满足社会需求的实践技能；（2）课程设计目标，构建以能力导向为主的课程模式，以企业及行业需求应用技能为切入点，将其分解到整个教学课程；（3）教学实施目标，强调以学生为中心的教学模式运用，重点锻炼学生的应用能力。

　　基于此，在笔者讲授的"社会调查概论""社会调查实践"课程中实施教学改革，通过这一改革，初步建立了以学生为中心，形成了以能力培养为导向的课程开发模式。

一、社会调查理论与实践课程化改革项目的整体设计

（一）突出课程的目标导向性

1. 总体目标：以层次性反映导向性

就社会调查课程的总体目标来说，实际上是让学生"受教育—长才能—做奉献"，与此相对应的为"认知—能力—精神"三大层面。即从认知层面上讲，教师能够有效指引大学生切身"接触社会—认识社会—了解社会"；从能力层面上讲，教师引导学生们参与到社会实践中，通过社会实践强化学生们的实践经验及素质，从而具备为社会主义建设奋斗的本领与技能；从精神层面上讲，教师应该启发学生们通过自身实践经历，懂得应该怎样报答、回馈社会，以此强化为社会主义建设做贡献的担当，并由此付出实实在在的行动。

2. 过程目标：以阶段性反映系统性

社会调查课程目标需要系统分解并细化，其贯穿于整个的教育、教学进程，主要包括基础目标、价值目标、发展目标和行动目标。具体而言：在基础目标上，选择从理论视角入手，强化个体认知、形成正确的思维观念；在价值目标上，基本关注点在于培养大学生的思想情感、树立合理的正面情绪；在发展目标上，突出导向为意志品质的养成、人格品格的完善；在行动目标上，强化结果为感受体验的升华、实践技能的加强。

3. 主体目标：以自发性转化成自觉性

一是改变传统实践活动中大学生群体的客体角色，使其在调查中成为教育的主力军；二是鼓励大学生群体在社会调查活动中养成自主、独立和创新的能力，通过开展社会调查活动，能够全面提升其自身的整体素质；三是合理引导大学生群体转向社会调查实践的自觉状态，使其通过社会调查实践活动呈现自身的价值，进而促进自身的全面发展。

（二）把握课程设计的原则性

1. 课程设计的主体性原则

大学生群体既是社会调查课程的重点参与方，也是社会调查课程的受益方，理所应当作为社会调查活动的主体。因此，社会调查课程的焦点在于符合大学生群体的全面发展需求，同时，尽可能地激发大学生参与社会调查的主观能动性，以此凸显其作为社会调查主体的地位。也就是说，一方面，应该表现出主体的参与性，让大学生群体主动地认知、选择并参加社会调查，在社会调查过程中发挥其主导角色；另一方面，凸显目标的主体性，将个体目标、课程目标进行有机的结合，进一步强化个体目标的自主意识、体现课程目标的导向性。

2. 课程设计的理论性原则

就哲学视角而言，社会调查课程的实质在于帮助学生培养发现问题、分析问题、解决问题的理论思维能力，并用其指导个体的认知、行为、发展；就道德学视角而言，社会调查课程关注焦点是大学生的品德养成与成长发展，引导大学生群体如何树立正确的世界观、人生观和价值观；就教育学视角而言，借助于课程内容、课程形式和课程手段等达到实现教育本质的目的；就社会学视角而言，大学生在同社会实际之间的双向互动中，通过改善课程环境进而提高整体认知与素养，如关注热点问题以培养社会学想象力，从根本上实现教育活动的产出；就心理学视角而言，社会调查综合体现为大学生参与实践调研中的正向作用、情绪反应及真实感受。

3. 课程设计的过程性原则

在评定期末成绩时，不仅需要考查学生们在社会调查过程中的态度、能力、调查强度、调查服务时间等实际行为，而且也要考查学生们社会调查结束后提交上的调查报告等材料。此外，还可配合设计"大学生社会调查课程记载本"，由学生们自行记载参加社会调查课程活动情况，真正地把社会调查课程融入高等教育的全过程。

4. 课程设计的社会性原则

社会调查课程从本质上而言是大学生认知社会、适应社会和改造社会，从"学生人"转变为"社会人"的历程，充分地呈现了人的社会性。因此，作为社会调查课程来说，一是必须贴合社会现实，让学生们在物质生产、精神创造之中体验社会生活，从而将"自然人"过渡到"社会人"；二是聚焦社会热点问题，让学生们凭借直观感受，在相互交往、相互影响的过程中，通过表面认知发现现象本质；三是积极融入社会关系中，让大学生群体通过参与社会调查活动，能够对人类社会发展及变化的内在联系有所认知，从而更加深刻地了解社会的历史性质、结构和过程。

（三）增强课程内容的实践性

1. 从"自发"到"自觉"的主体性理论认知

社会调查课程基本要求是学生能够学以致用，实现知、行统一。一方面，强调社会调查实践是对社会调查理论的深化和认知，通过实践调查、实践感悟等进一步强化社会调查课程主体的理论认知；另一方面，重点关注社会调查理论基本方法如何对社会调查实践发挥指导作用，同时综合职业发展需求进一步养成理论实践的思维模式，最终指引学生从自发行为逐步转变成自觉行为。

2. 从"校内"到"社会"的德育交往

社会调查课程的最终目标是个体需求和社会发展互为适应，进而实现人的道德水平、社会发展的统一。社会调查课程要求学生必须走出"象牙塔"，走入真实的社会，让学生自己真正地深入社会生活，进而实现社会调查实践。老师应该让学生关注研究社会热点话题、了解社会实际情况，掌握社会调查实践的规律。与此同时，还应该鼓励学生根据社会的变化要求，适时调整个人的发展，并通过社会实践来服务于整个社会，促成学生严格遵守社会规范。

3. 从"素质"到"能力"的职业规划

社会调查课程是大学生群体由象牙塔逐步走入社会的前提准备，目的在于结合职业发展储备相应的素质能力。社会调查课程不仅增强吸收知识、提高技能，而且也需要结合个体发展目标。因此，社会调查应该贯穿于学生专业学习的全过程，同时融入一定的职业规范，以此锻炼自身的职业技能，提高社会责任感。

（四）增强课程评价的调节性

1. 由学生主体评价转化为用人主体评价

针对社会调查课程这门课，不应仅评价学生在调查实践中的表现，而应更多地了解用人单位的客观评价。即应该开展社会用人单位对学生社会调查实践的结果、成效考察，针对毕业校友征集社会调查实践的获得感、借助职业发展评价课程实践教育培养目标的现状，构成"产出"结果适时反馈。

2. 由行政程序评价转化为过程互动评价

采取评价行为时，应该深入了解调查实践者的实际需要，考察"动机"和"行为"两者的对应；实施评价对象互动，考查学生在社会调查实践中的认知、情感和行为统一。与此同时，还要关注社会调查课程的过程，重点考察过程同结果之间的互为影响，能够更好地协调课程的整体过程。

3. 由总结性评价转化为发展性评价

运用评价的实质是为了便于调整工作、帮助个体发展。一方面，明确社会调查课程的改进方向，由此实现课程设计、课程组织、课程管理的优化；另一方面，结合学生个人发展的实际需求、目标需求，提出个性化的个体指导，形成发展性评价，进而促进课程实际效果的提升。

（五）构建社会调查课程实践平台

一是实训室。为学生提供社会调查实践的演练平台，但该平台需要辅助计算机系统。二是调研基地。为学生提供实战训练平台，如联合党政机关、企事业单位、居民社区等创立的"社会课堂"；围绕社会建设、社会发展设计"社会实践内容"，指导学生正确认知社会；邀请相关社会人员作为"任课老师",为学生提供权威指导。三是相应研究机构。学生们可以协助研究机构教师从事课题研究,持续不断地巩固产出的成果。

(六) 创新课程组织

社会调查课程的全程化目标要求在课程组织上,不仅要做到综合训练与专业训练相互结合,而且要完成"理论—实践"的过渡,具体实现形式上可依托"三个课堂"、抓好"三个时段",即构建"三三"课程组织。

1. "三个课堂"

在课程形式上,通过第一课堂集中授课,完成社会调查理论、社会调查方法、社会调查项目构成与管理、撰写调研报告等的理论教学。第二课堂结合日常专业课程,完成课外实践,强化专业知识与操作技能。第三课堂指的是新时期流行的网络课堂,利用网络资源拓展社会调查场地,开展线上线下互动式调查、创新调查形式。

2. "三个时段"

在社会调查课程的时间安排中,善于合理利用时间,重点把握好寒暑假、双休日、特殊活动日三个时段。寒暑假时间相对较长,适合实行大规模的研究型社会调查活动;双休日适合实行社会调查前期的课堂教学;特殊活动日主要指的是法定节假日,适合实行校内、校外宣讲型调查活动。

(七) 师资队伍建设

进一步强化培养社会调查课程教师自身的实务技能,尤其是与社会调查行业紧密相连。具体标准设定为"理论与实践前沿的开拓者,地区问题研究与解决的行家",以此塑造出"理论基础 + 实践技能"双强型的社会调查课程团队,着力打造"四群合一"(研究群 + 管理群 + 实践群 + 支撑群)教学团队。研究群成员组成为专业教师,该群的功能是提供深层次的理论指导、高质量的课程教学;管理群成员构成为所在系的骨干成员，该群的功能是提供学生学习与实践的良好制度，营造关注学习成效的良好氛围；实践群成员构成为专业的双师型教师、校外行业的资深人士，该群的功能是为学生提供满足行业需要的社会调查实践操作；支撑群主要来自教学、实践资源的提供者，该群的功能是培养学生提高社会调查技能。因此，该形式的教师队伍建设，不仅将内外部资源进行有效融合，而且充实了理论知识和实践操作，深化了同行业机构之间的合作交流，为 OBE 教学理念的应用奠定了基础。

（八）改革教学方法

一是头脑风暴法。在课堂上让学生们自由发挥、大胆地表达个人的想法，其他同学不能当场对其想法进行评价。个人意见的表达要尽可能多，也允许和其他同学的想法相似，或者在此基础上予以补充说明，这种做法进一步激发了学生的主动性、创造性。二是情景剧。为了更好地掌握社会学，需要激励学生积极主动地参加表演，既能锻炼学生胆量，也能增强学生表演能力，又为课堂多样化构建了良好氛围。三是对分教学。可以把整个课堂的四十五分钟时间分为两部分，一部分交由教师负责，另一部分则交由学生负责。教师进行讲授课程，学生进行交互式学习，通过分组，组内成员发表各自观点、交换意见并讨论，得出科学假设，此种方法不仅调动了学生学习能动性，而且也提高了学习效率。

二、社会调查理论与实践课程化改革项目具体内容

（一）从社会需求角度分析学生应用能力体系并将其作为课程教学能力矩阵

在设计课程的过程中，坚持以学生为中心，遵循成果导向目标，制定符合教育发展、社会需求的课程培养目标。以符合学校定位、满足专业人才培养方案为前提，确定社会调查课程培养目标为能够担任企业、

事业、文化单位的市场调研工作，确定社会调查课程对核心能力的培养表现为：社会调查方案的设计能力、实施能力、资料整理分析能力、社会调查报告的撰写能力。以上四种核心能力还可以进一步分解为更加具体、可度量的能力指标。通过整合各个章、节内容，构建能力指标予以支撑核心能力。具体有以下四种。

1. 社会调查方案设计能力

一是确定调查目标；二是确定调查方法；三是确定调查对象和调查单位；四是确定调查内容；五是编制调查组织计划、时间、经费等项目。

2. 社会调查组织实施能力

一是掌握社会调查概念及内容；二是掌握资料收集方法——文献法、问卷法、观察法、访谈法；三是掌握问卷设计技术；四是掌握抽样设计技术；五是具备调研过程管理能力。

3. 社会调查资料的整理和分析能力

一是科学整理收集的资料；二是调查资料的统计分析；三是调查资料的理论分析。

4. 社会调查报告的撰写能力

一是调查报告的分类；二是调查报告的结构和撰写方法；三是调查报告撰写的注意事项；四是完整、科学撰写调查报告。

（二）构建"学生为中心＋实践培养为目标导向"的教学模式

社会调查课程的授课过程是以学生为核心，遵从"自下而上"能力培养，教师在授课内容完成后，学生依次按步骤完成上述指标体系，进而达到课程设定的总体目标。社会调查课程授课环节中，将目前的授课内容（共计13个章节）归纳为六大模块，即社会调查的概述、社会调查的方案设计、社会调查的基本方法、社会调查的抽样设计、社会调查的资料整理分析、撰写社会调查报告。在课题授课环节，将授课班级学生分为若干小组，参照OBE教学方法，让各组学生确定课题研究主题，用一项实际课题贯通于全部模块中，强调六大模块培养目标及其相互关系，每一个模块的能力培养应该循序渐进。除此之外，教师鼓励学生在社会调查课题设计时参考往年"挑战杯"项目，把所在组成果用于申报下一年"挑战杯"。具体内容如图1所示。

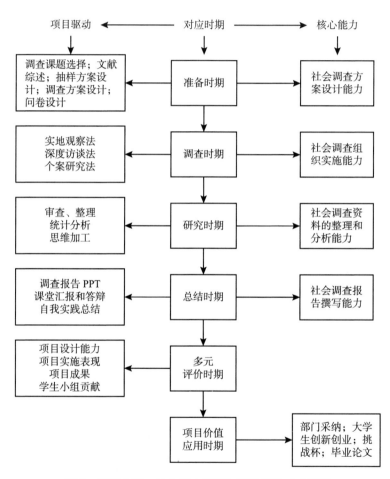

图1 授课内容、核心能力培养与项目教学对应关系

1. 准备时期

结合本课程的性质和学生能力，此阶段的任务被依次分解为五部分，即选题、文献综述、抽样方案设计、调研方案设计、问卷设计。在该阶段，分解指标的好坏直接影响后续调查、研究、总结的质量，因此，课程教学时间成本高。所以，实践教学中需要学生们综合自身能力，在合理选题情况下运用头脑风暴法，要求教师及时了解学生应用价值大，可操作性、可行性强的选题，即学生以小组形式讨论文献、抽样方案和问卷设计，通过课堂的程序、技术完成任务，教师发挥指导作用，充分展现了教与学之间、师生之间的双向互动。

2. 调查时期

在社会调查时期，学生应以小组为单位，运用实地观察法、个案研究法等实施数据收集，收集资料过程中坚持实事求是，以此保证数据获得的真实、有效。此阶段既是实地调查的唯一阶段，也是外部因素作用最大且不可控的时期。因此，教师不仅为学生讲授社会调查方法、手段，还要强化学生针对突发状况的应对技能。

3. 研究时期

在社会调查的研究时期，核心任务由之前的感性认知转化为理性认知，对资料分析、逻辑思维能力要求较高；基本内容为审核社会调查题目、整理社会调查资料、统计社会调查数据、运用思维加工方法。特别指出的是，针对社会调查问卷，教师需要辅助学生应用统计分析软件（SPSS）予以定量描述、推论统计、得出结论。

4. 总结时期

在该阶段中，学生根据调研报告撰写的原则、结构，运用调研资料，借助思维加工由感性认知上升至理性认知，最终形成调研报告。调查报告好坏直接影响调研成果、调查报告质量、调研的应用价值，因此，该项任务需要教师全方位指导确定主题、拟定提纲、选择材料、运用语言。此外，在项目驱动课题教学改革中，附加了调查报告的 PPT、课堂汇报、自我实践总结三方面内容，有利于学生提前适应毕业论文答辩程序，提高 PPT 操作技能、逻辑思维、自我认知能力，最终帮助学生毕业后能够迅速适应职场生涯。

5. 多元评价时期

教学评价作为一种特殊的反馈机制，最大的优势在于有效克服了教学活动和目标之间的偏差。评价内容包含项目设计、项目实施、项目成果、小组贡献等。依据多元智能理论，个体智能发展不仅在发展程度上有差别，同一智能也有不同的表现形式。因此，应该对学生学习实行多元化评价，定量评价同时注重定性评价，构建"发展＋激励"的形成性评价，此过程要求学生和教师全部参加。

6. 项目价值应用时期

想要真正提高课堂教学质量，项目驱动教学模式应该让学生看到其实际的应用价值。因此，开启小组项目之初，应该有意识地让小组成员认为自己所在组的社会调查研究成果可能被相关的省、市等政府部门予以采纳，或转化为大学生创新创业项目、毕业论文，或参加挑战杯等，只有这样，学生们才能以更加严谨、认真、负责的态度完成社会调查课题，同时也能够反馈社会调查课程的教学效果。通常来说，项目调研成果的作用主要有：一是显著提升了经济类同学参加省、市或校级大学生创新创业项目的参与度，在一定程度上增强了大学生的科研技能，也充分体现出社会调查课程的实践意义，真正地体现学以致用的目的；二是在社会调查课题研究的基础上，有一部分同学继续深入分析，或作为毕业论文题目，或参加大学生"挑战杯"竞赛作品，一定程度上也肯定了学生自己的调查实践。

（三）行业专家全面参与课程建设

在考核、评价学生的形成性成绩环节，积极邀请校外的企业、行业专家，这种做法将课本知识与社会需求实现了更好的对接。在社会调查的课题设计环节、课题实践环节、课题核心能力环节、课题培养目标环节，为了提供更多的课程改进意见，可以更多地邀请企业、同行、毕业生、在校生等主体参加。其中的部分章节可邀请企业、行业专家参与授课，这样能够为学生提供最新的专业社会需求和前沿方向。

（四）引入形成性评价变革学生考核方式

构建授课教师评价、企业或行业专家评价、小组评价、学生自评的多元化考核方式，充分调动企业、行业、教师及学生的参与性。衡量教学质量的效果，主要来自学生的学习成效，而学习成效评价源于科学的考核方式。引入 OBE 理念考核方式，改变了传统以期末成绩定分的局面，加大了平时成绩比重，即形成性评价的考核体系包括平时成绩和期末成绩。这种评价考核模式中，降低了期末成绩的比例，使学生重视平时参与课题互动，认识到认真完成平时作业的重要性。具体而言：平时成绩占比为 50%，包括平时出勤与课堂表现（10%）、选题论证报告（5%）、社会调查方案设计（5%）、调查问卷和访谈提纲等（5%）、抽样设计方案（5%）、调查过程及材料呈现（10%）以及调查报告的撰写（10%）；期末成绩占比为 50%，以期末论文为主（100 分制）。其中，项目考核标准包括：选题论文报告考察选题创新性、实践性、可行性，以及文献综述完整性、行文规范；社会调查方案设计考核方案结构完整性、方案基本原则；社会调查问卷考察结构完整性、问卷设计原则；社会调查过程考察实事求是；社会调查资料整理考察数据准确、图表规范；社会调查报告考察题目明确、内容结构合理。

（五）通过教学反思实现课程持续改进

借助课程调查问卷，了解学生对于核心能力的掌握程度、目前存在哪些问题，并提出相应的改进对策。在课程的整体设计中，构建一个课程建设的闭环系统，即课程目标设计应严格按照学校定位和人才培养方案，根据课程目标安排相应的教学进程，并为其配备合理资源，再根据教学过程中产生的学习成效、毕业生反馈、专家评价反思教学中存在问题，为下一阶段教学提供针对性意见，最终实现持续改进目的。具体而言：一是课程完成后，社会调查方案设计能力的掌握情况为显著增加、一般增加、无增加；二是课程完成后，社会调查组织实施能力的掌握情况为显著增加、一般增加、无增加；三是课程完成后，社会调查资料的整理和分析能力掌握情况为显著增加、一般增加、无增加；四是课程完成后，调查报告的撰写能力掌握情况为显著增加、一般增加、无增加。因此，课程完成后，通过对以上四大能力的考核，能够完整查看每个学生的核心能力掌握情况。

由此，构建基于 OBE 理念的社会调查理论与实践课程化改革体系，如图 2 所示。

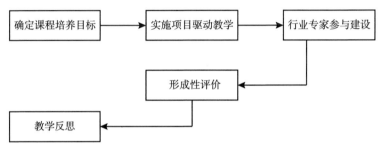

图 2　社会调查理论与实践课程改革体系

基于成果导向教育理念（OBE）的 "国民经济核算" 教学改革研究

沈秋彤

一、引言

基于成果导向教育（OBE）理念最早于 1981 年由斯巴迪（Spady）等提出并使用，是一种以成果为导向、以学生为本的先进教育理念，其教学设计和教学实施目标是让学生通过教育过程取得学习成果，主要是明确最终取得的学习成果是什么（目标），为什么要取得这样的学习成果（原因），如何有效地帮助学生取得这些学习成果（做法），以及如何知道学生已经取得了这些学习成果（评价）等。

国内传统的国民经济核算教学模式以联合国《国民经济核算体系》的五大核算体系为基础，结合中国国民经济体系与统计学相关知识展开教学。这种教学模式有其积极的一面，但也存在一定的问题：国民经济核算的基本概念、理论和方法与中国国民经济核算数据有一定的结合，但结合较为松散，学生所掌握的国民经济核算理论难以在实践工作或研究中有效应用。在国内研究方面，向增先（2022）认为，"国民经济核算"课程显性知识中渗透思想政治教育的内容，实施隐性教育策略是专业课程思政重要实践。丛日玉（2021）构建了"课前任务、课上讲授、同学参与讨论和演示、课后作业和实验"的线上线下混合式教学模式，该模式成效显著。韩中（2020）课程团队自主设计了"国民经济核算"课程SIGMA网络化考试平台，充分利用投入产出表、资金流量表等现实核算数据，重点考查学生课程教学所学知识的内化情况，有效锻炼提升了学生综合统计分析的能力。刘茜（2020）认为，应从加强案例教学、课程论文、"雨课堂"应用等方面更好地实现课程教学。王玉梅等（2013）认为，深入研究与核算理论和方法相配套的教学体系，改革教学内容，切实增加对我国实际经济问题应用的教学环节。蒋志华（2013）应用"案例贯穿式教学法"，采用同一案例、统一数据，避免了过去对每个部分单独使用案例致使案例间不衔接、学生所学知识不系统的弊端。

二、基于 OBE 理念教学改革的理论价值和实践价值

将 OBE 理念植入"国民经济核算"课程，通过信息技术手段提高教学效率、创新教学过程、教学模式、教学体系和评价考核标准，具有丰富的实践价值和理论价值。

一是有助于培养高等教育基础厚、创新能力强、实践能力强的交叉型人才。国民经济核算资料包含大量有价值的信息，具有丰富的使用价值，是其他资料无法代替的。学生在学习"国民经济核算"课程中，会用到宏观经济学、微观经济学、统计学、线性代数、会计学、金融学、产业经济学、区域经济学等相关领域的理论和研究方法，通过收集下载相关数据和使用软件获得学习成果，在学习过程中本身就锻炼了学生交叉学习能力，有助于培养交叉型人才，激发学生兴趣，深入了解国民经济运行状况，完善知识结构。随着国内国际双循环和经济高质量发展的提出，我国国民经济核算必定会在生产、消费、积累、分配领域上细化指标，不断完善经济发展的指标体系。学生在掌握了国民经济核算理论知识的基础上，通过对国民经济核算资料进行应用可以了解经济活

动的过程。这有助于学生提高论文写作、实习和毕业工作相关能力。该课程涉及投入产出技术、资金流量分析、资产负债分析等，这些知识对学生以后的工作有帮助。无论学生将来从事哪种类型的工作，拥有一定的宏观经济分析能力都是十分必要的。

二是有助于将最新科研成果及时转化为教学内容。《教育部关于深化本科教育教学改革　全面提高人才培养质量的意见》第七条提出，"强化科研育人功能，推动高校及时把最新科研成果转化为教学内容，激发学生专业学习兴趣"。我国自改革开放后使用 SNA 核算体系与国际接轨，"国民经济核算"课程内容依托国家国民经济发展整体状况，近年在数字经济发展背景下诸多扩展核算发展较快（许宪春，2022），如对数字经济、资源环境、人口劳动力、卫生、旅游和新兴经济的核算，这些最新的科研成果也正是学生等受益群体最感兴趣的方面，因此该项教学改革有助于实现最新科研成果及时转化为教学内容。

三是有助于推动高校学科建设和专业建设。国内很多高校本科专业和研究生专业均开设此门课程，此门课程也具有深厚久远的教学历史。以国际 SNA 体系为蓝本，此前该课程在国内高校的主流名称为"国民经济统计（学）"，随着时代的发展和国际 SNA 体系进步，以及中国 SNA 体系的改革，国内高校也将其改为"国民经济核算"。将 OBE 理念植入"国民经济核算"课程进行教学改革，有助于将教学模式推广到其他国内外高校。

三、基于成果导向的"国民经济核算"课程教学设计

以 OBE 理念为基础，从学习成果（即顶层目标）进行反推，得出学生应该获得的能力和思维（即中层夯实），进而再反推得出学生应获得的知识、技能和素养（即底层搭建），如图 1 所示。

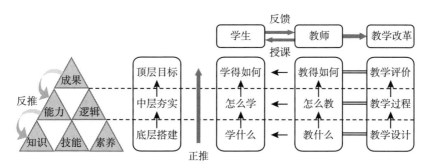

图1 基于 OBE 理念的"国民经济核算"课程教学设计

（一）确定最终学习成果（第一层：顶层目标）

从学生"学得如何"，反推到教师"教得如何"。"教得如何"涉及将学生各阶段的学习成果用绩效指标或层级指标的形式表现出来，包括教师是否在授课结束后能够观察到学生达到课程预设目标，用什么考核形式测试学生的学习成果，用什么标准来评价学习质量的高低，从而进一步完善教学评价环节，突出评价过程的公平与效率。

"国民经济核算"课程以其统计学基础让学生在以后的就业中能够胜任战略规划、经贸、财政、金融等综合经济管理部门、行业管理部门、经济研究部门及企事业单位等相关的规划、分析、预测、研究开发和管理工作。因此，根据最终就业目标和毕业目标设定课程学习目标和考核目标，并最终确定学习成果。学习成果可以是论文、项目报告、闭卷考试、中期考核，也可以是在学习中获得的各种能力（见表1）。

表1 最终学习成果目标层级实现

成果目标	具体内容
自我实现目标	理解能力、思维能力、表达能力等
就业目标	规划、分析、预测、研究开发和管理等工作
毕业目标	毕业论文、实习工作
课程目标	期末考试、中期考核

成果目标	具体内容
中期考核目标	项目报告、前期学习成果
基础知识目标	章节知识点

（二）构建课程体系（第二层：中层夯实）

顶层的学习成果代表了一种能力结构和逻辑结构，这种能力和逻辑主要通过课程教学来实现。

1. 能力结构要与课程体系结构有清晰的映射关系

学生获得的能力可以归结三大能力：理解能力、思维能力和表达能力，如图1金字塔的第二层"能力"和"逻辑"所示。

（1）理解能力。学生获取新知识时需要依靠其理解能力，不论是理解教师授课内容、教材文字，还是理解同学汇报、师生间交流，都需要一定的理解能力。"国民经济核算"课程包含大量烦琐复杂的知识点，很多知识点具有详细的规定、范围和边界。例如，在核算生产总值（GDP）时，什么计入生产核算范围，什么不计入生产核算范围，都是有详细规定的，如自我劳动的家务活动不计入GDP，而在市场上购买的劳务活动计入GDP；自然水域中鱼类的无控制生长繁殖不是生产活动，只有人工养鱼活动才是生产活动；住户自有住房服务虽然没有像租房那样付给房东房租，而是付给自己房租，但其中产生的租金也要计入GDP核算中。诸如此类的概念都需要学生具有一定的理解能力才能区分概念之间的不同。

（2）思维能力。学生阅读相同的教材、专业书籍、文献资料后，最终得到的收获和结论并不相同，这是由大脑接收材料后思维能力不同导致的。例如，学生结合自己实际经历曾提出过非常具有价值的问题：如果2022年购买2023年演出的票，这一行为GDP核算应算在哪一年？根据SNA2008，GDP核算记录在生产完成之日，最终消费支出记录在服务交付之日，无论从哪一个角度来说，演出作为一种服务应该在2023

年完成该演出服务交付时记录到 GDP 和个人消费中。这一例子很好地表明了，学生可以理解教材上相关的概念，但实际应用时，还需要加入自己的思维能力才能解决实际问题。

（3）表达能力。表达能力分为口头表达和写作表达。在平时课堂讨论、项目研究汇报、同伴之间交流中，需要清晰的口语表达能力。在毕业论文写作、项目报告或其他具有研究性质的活动中需要运用到逻辑能力和写作能力。口语表达能力和写作表达能力是可以通过刻意练习获得的。课程提供的课堂讨论、个人汇报、小组汇报或其他互动，都给学生提供了展示自我个性和锻炼表达能力的机会。

2."案例式 MINI 项目"培养三大能力

为了将学生最后获得的能力结构与课程体系结构形成一种清晰的映射关系，从学生"怎么学"才能获得理解能力、思维能力、表达能力，反推到教师"怎么教"，可以采用"案例式 MINI 项目"的方式将整个课程所用到的学习方法传授给学生。"授人以鱼不如授人以渔"，单用灌输式教学只能取得一时的成绩，不能为学生将来步入工作岗位或深造提供帮助和奠定方法论基础。

"案例式 MINI 项目"是采用中国经济发展过程中的真实资料和真实数据，让学生们从问题着手，使用核算原理和其他方法去分析问题背后的原因，进而找到解决对策。一方面，"案例式 MINI 项目"不局限于核算原理本身，而是根据实际经济生活和经济热点，结合数据进行深入分析研究；另一方面，"案例式 MINI 项目"所收集的数据仅是一部分素材，不能完全局限于数据，还要结合这一领域其他资料及其背后的核算原理，多角度多层次地展开分析。例如，在数字经济背景下，对数字化产业和产业数字化进行分析时，不仅要研究二者核算原理的不同，也要分析二者对经济高质量发展的影响，提出令人信服的观点和政策建议。

值得注意的是，"案例式 MINI 项目"要选好分析应用主题。授课教师在教学设计上鼓励学生自选主题并结合国民经济核算原理进行分析。但实际操作后发现学生选取的内容偏向"大、广、泛"，不能很好地将问题聚焦在某一领域或某一实际问题上，极易出现"什么都说了，却又什么都没说"的情况。因此，可以考虑由授课教师选定难易程度适中的主题，让学生从做 MINI 项目的过程中，真切地体会中国经济发展过程及其背后的核算原理，掌握"现状—问题—原因—对策"的思维逻辑。在选题方面，一是要结合党中央、国务院关心的重大经济问题，尤其是党的二十大报告中的重点问题，利用我国的核算资料深入研究，提出解决问题的有效对策；二是发挥核算体系的经济形势判断功能，使用核算资料进行指标预测，观察经济发展现状，以及预测经济发展情况；三是对社会各界关注的热点和难点问题进行分析。

（三）完善知识点授课方式和扩展资料应用方式（第三层：底层搭建）

这一部分涉及教学过程最原始的内容，即授课内容。从学生"学什么"，应该获得什么知识、培养什么技能和素养，反推到教师"教什么"，授课时应该教什么，进而如何在教学改革中进行教学设计和完善教学方案。

"国民经济核算"课程包含的内容：国民经济核算总论、国内生产总值的核算、投入产出核算、资金流量核算、资产负债核算、国际收支及国际投资头寸核算、国民经济账户体系与矩阵表、国民经济核算的灵活应用与扩展、国民经济核算的动态比较以及国民经济核算的国际比较。教师授课内容包含各章节知识点、习题、文本资料和视频资料作为补充学习，还包括是否有实地考察以深切体会核算原理进而体会国家经济发展情况。具体有：（1）教材及练习册。"国民经济核算"课程选用中国人民大学出版社出版的高敏雪等编写的《国民经济核算原理与中国实践（第 5 版）》为本科生教材（2022 年），该教材配套有相应的练习册，在教学过程中教师会挑选部分典型习题进行讲解。（2）数据库资源。国家统计局、中国统计年鉴、EPS 数据库等都为核算提供了可靠的数据来源。从教学实践经验来看，本科生对数据库的熟悉程度远远低于研究生，因此授课教师有必要根据教学目标向本科生传授数据库的重要性。（3）文本资源。随着我国经济发展，越来越多的官方文件、政策、规划等都成为经济研究的重要信息来源。国家"十四五"规划、各领域专项规划、政府工作报告、中央经济工作会议、权威期刊（《统计研究》）最新论文和科研成果、SNA2008 和中国 SNA2016 等都是学习国民经济核算最权威、最新的资料。（4）视频资源。该课程整体知识点较多，理论知识较为枯燥，因此有必要引入视频资源激发学生的学习兴趣。中国大学 MOOC 有两门在线课程（东北财经大学杨仲山团队、南京财经大学韩中团队）可以为学生作为课后资源补充，许宪春（2020）教授的清华大学讲座"翻开国家账本"也为学生了解核算最新进展提供了来源，还有学术界诸多讲座如中国投入产出学会每年举办的专题研讨会等都是了解核算最新情况的资料。

通过以上教学过程，激发学生学习兴趣、主动性与积极性，增强团队协作、沟通交流等方面影响，借助"雨课堂"平台将"国民经济核算"课程教学活动在时间、空间上加以拓展，以满足学生在任何时间与地点自主学习的需要。对现有的混合式教学理论、学习理论、应用模型及实践案例进行梳理，发挥不同混合式教学模式优势。

四、基于成果导向的"国民经济核算"课程教学改革实施

（一）顶层目标——确定教学策略和教学评价

对"国民经济核算"课程学习后应该达到的最终成果进行直接表述，或构建指标体系进行间接测评，采用多元和梯次的评价标准，将教学评价聚焦在学习成果。根据每个学生能达到教育要求的程度，赋予从不熟练到优秀不同的评定等级，强调达成学习成果的内涵和个人的学习进步，不强调学生之间的比较，而是进行针对性评价。最终学习成果要

求学生具有扎实的理论基础，熟练运用国民经济管理理论与方法，掌握国民经济管理前沿理论，能够做到理论联系实际，灵活运用所学国民经济管理知识。

改变以往"平时成绩＋期末成绩"的成绩考核模式，将考核成绩细化，针对每一个环节设计考核方式和成绩，让学生在区域经济学课程学习过程中学习能力得到全面的锻炼。采用多维评价考核方式（见表2），降低死记硬背知识点在成绩中所占比重，加大理论联系实际、问题分析等考核的成绩比重。一方面，将课堂讨论和分组研究成果纳入考核成绩中，鼓励学生多思考、多研究；另一方面，期末考试中加大开放性试题比重，着重考核学生理论联系实际和分析解决问题的能力。同时，对于分析研究能力突出，且能够独立完成研究型论文的学生给予成绩奖励。

表2　　　　　基于 OBE 理念的"国民经济核算"课程考核
评价环节组成比例及具体内容

成绩比例	评价环节	具体内容
平时成绩占50%	课堂参与度占10%	出勤、课堂提问、交流、讨论等
	线上任务完成度占20%	在线上平台完成视频、讨论等任务
	案例式 MINI 项目完成度占20%	线下结合本课程核算原理进行案例式 MINI 项目的参与工作
考试成绩占50%	考察对重要知识点的理解、应用和扩展	

（二）中层夯实——构建能力与教学过程有清晰映射关系的教学体系

学习成果代表了一种能力结构，"国民经济核算"课程以培养学生三大能力（理解能力、思维能力、表达能力）为目标，通过课程教学过程来实现，因此教改的目标要设计一种培养学生能力与课程教学过程具有清晰映射关系的教学体系和教学模式。制定基于 OBE 理念的"国民经济核算"课程教学大纲、考核方案、课程质量评价标准,使基于OBE 理念的教学激发学生学习兴趣、满足学生互动交流需要的同时保证教学质量不断提升。

(三)个性化教学

在以往教学中发现,学生对知识的理解程度不同,课后复习时间和思考深入程度也不同。有的学生对知识点的思考程度极深,常提出具有价值的问题。因此本课程最终要强调的是:教学过程的输出,而不是输入;研究型教学模式,而不是灌输型教学模式;个性化教学,而不是"车厢"式教学。因此,从顶层目标的角度出发,老师要准确把握每名学生的学习轨迹,掌握每个人的目标、基础和进程,进行个性化教学,按照不同的要求,制定不同的教学方案,给学生提供不同的学习机会。将学生的学习进程划分成不同的阶段,并确定每阶段的学习目标,这些学习目标是从初级到高级,最终达成顶峰成果。使具有不同学习能力的学生将用不同时间、通过不同途径和方式,达到同一目标。

(四)融入思政元素

"国民经济核算"课程隐含了丰富的政治教育、道德教育、思想教育、心理教育、职业素养教育、创新创业教育等多方面教育内容,如"十四五"规划、专项规划及区域规划、中央经济工作会议、政府工作报告。在基础核算国内生产总值核算部分涉及的思政教育有:高质量发展、新发展格局、新发展理念、供给侧结构性改革、大力发展实体经济、乡村振兴战略、国家治理体系和治理能力、中华民族伟大复兴与人民美好生活的统计描述、财税体制改革、生态文明建设以及可持续发展等。还包括动态分析 2020 年、2021 年、2022 年国务院政府工作报告;对比分析"十三五"规划和"十四五"规划的不同之处。在扩展核算部分涉及的思政教育有:碳达峰和碳中和、数字经济核算、旅游卫生账户体系、新兴经济核算、综合环境经济核算、"三新"(新产业、新业态、新商业)经济增加值核算等。

参考文献

[1] 中华人民共和国国家统计局：《中国国民经济核算体系（2016）》，中国统计出版社 2017 年版。

[2] 高敏雪、李静萍、许健：《国民经济核算原理与中国实践（第 5 版）》，中国人民大学出版社 2022 年版。

[3] 许宪春、张钟文、胡亚茹：《数据资产统计与核算问题研究》，载《管理世界》2022 年第 38 卷第 2 期，第 2 页，第 16 ~ 30 页。

[4] 许宪春：《中国国民经济核算核心指标的变迁——从 MPS 的国民收入向 SNA 的国内生产总值的转变》，载《中国社会科学》2020 年第 10 期，第 48 ~ 70 页，第 205 页。

[5] 蒋萍、计宪春：《国民经济核算理论与中国实践》，中国人民大学出版社 2014 年版。

[6] 向增先、李茂红：《论高校专业课程思政隐性教育策略与实践——基于〈国民经济核算〉课程思政的思考》，载《财富时代》2022 年第 1 期，第 241 ~ 242 页。

[7] 丛日玉：《"金课"建设背景下国民经济核算课程改革与实践》，载《中国多媒体与网络教学学报（上旬刊）》2021 年第 3 期，第 231 ~ 233 页。

[8] 韩中：《能力培养视域下"国民经济统计"课程考核模式的改革与应用》，载《教育教学论坛》2020 年第 23 期，第 100 ~ 102 页。

[9] 刘茜：《〈国民经济核算〉课程教学的思考》，载《教育教学论坛》2020 年第 10 期，第 300 ~ 301 页。

[10] 王玉梅、宋马林：《国民经济核算课程应用型教学模式研究》，载《安徽工业大学学报（社会科学版）》2013 年第 30 卷第 6 期，第 107 ~ 108 页。

[11] 蒋志华：《"案例贯穿式教学法"探索——以〈国民经济核算〉课程为例》，载《教育理论与实践》2013 年第 33 卷第 24 期，第 48 ~ 50 页。

现代实验经济学与国民经济学创新研究

张华新　刘海莺

自史密斯教授建立现代实验经济学的研究框架和基本方法以来，在研究中，经济学者开始大量借助实验方法再现复杂的实际经济现象，使抽象的理论具体化并可观测检验。现代实验经济学已在检验和区分理论、建立新理论的经验规则、比较运行规则以及模拟制度设计等方面发挥了重要的基础性作用，对实现国民经济学方法论的创新具有重要的推动作用。

一、现代实验经济学方法论构建及理论影响

在早期的研究中，经济学家描述了实验研究、观察数据和经济理论相互验证的原理和方法，并建立了现代实验经济学研究的规范框架。在现代实验经济学方法论的演化发展中，具有不同背景的研究者如何对实验结果进行有效交流是困扰现代实验经济学发展的一个重要问题，因此需要关注实验过程的规范化，包括如何阐述实验进程，关键数据的汇总、处理以及建立数据的交流规则等。经济学家普遍认为，现代实验经济学发展面临的主要问题是研究重点过于集中，优秀的现代实验经济学家主要投入新理论或相对重要理论的研究，而忽视了对已有理论的验证和发展，并可能导致减慢经济理论在现实中的应用速度。

经济理论研究与实验研究的联系已经日益紧密，例如，冯·诺曼和摩根斯坦（John von Neumann and Morgensten）建立的预期效用理论与卢姆斯和萨格登（Looms and Sugden，1987）对该理论的实验证明。同时实验研究技术的发展为在可控实验条件下检验和发展基于微观主体理性预期的理论创造了条件，例如，贝克等（Baker et al.，1964）通过设计实验，研究得到追求效用最大化的经济主体的保留价格。两者的关系主要表现为如何通过现代实验经济学方法帮助研究者获得其他方法无法获得的重要参数值，这些参数值是理论分析所依赖的。例如，关于讨价还价模型的传统理论分析通常无法通过观察数据来验证，因为很难准确甄别讨价还价双方偏好的主要特征。但是实验研究为观测和控制这些特征提供了条件，由此可以验证和发展相关理论。大量非可预测的规则也可以通过实验研究方法来进行验证，很多现代实验经济学家已经在该领域取得了大量的成果，并推动实验研究与已有理论研究成果的相互完善。在这一进程中，现代实验经济学家可以依赖通过实验环境得到的数据来检验理论假设，而不用依赖真实的经济数据，从而推动了理论的完善和现代实验经济学的发展。现代实验经济学的优势在于在很多研究中，实验数据有实证数据难以比拟的优势，例如，石油公司在海上石油权叫价中产生的"赢者诅咒"，即在拍卖中获胜的叫价者经常会发现其竞拍价格与从该石油权中获得的收益相比过高。通过实证数据很难证明该问题是否存在，却可以通过实验来分析。卡格尔（Cager，1989）对该问题的实验研究发现，对缺少经验的叫价者来说，"赢者诅咒"确实存在，即使交易者通过学习获得经验也难以帮助他们在新的交易环境中克服"赢者诅咒"，同时对被拍卖品价值的公开信息也会影响拍卖价格，其影响程度取决于是否存在"赢者诅咒"。尽管传统认为实验研究与实地研究是相对的，但对于非传统的实地调查研究来说，其首要目标是帮助经济学家建立和检验重要理论，与实验研究的目标是一致的。例如，埃伦伯格和鲍格兰诺（Ehrenberg and Boglennor，1990）对高尔夫球赛手的绩效表现与奖金差额的实证研究，力图证明绩效表现水平会随着奖酬差距的增大而提高，但由于缺少合适的数据以及企业成员具有的非锦标赛特征，该理论难以推广。埃伦伯格和鲍格兰诺（1990）提出使用实验研究方法证明锦标理论，通过控制参与者素质和改变进程难度，会比采用劳动力市场数据更直接地验证该理论。另一个例子是对盖尔和沙普利（Gale and Sharpley，1962）理论的实验研究。罗斯（Roth，1990）的研究关注具有集中匹配机构的市场，在这些市场中比较容易获得检验理论需要的关于博弈规则的信息。罗斯（1990）发现，在这些市场中会产生稳定的匹配结果。在上述研究中，罗斯（1990）认为，这些市场既存在于理论分析，又存在于真实世界，由于无法获得确切的数据，经济学家在验证和完善相关理论时只能从非直接关系入手进行分析，而现代实验经济学有利于解决这些问题。

现代实验经济学的一个突出特色是研究在非均衡条件下的动态过程，例如，在伯明翰和纽卡斯尔的实习医生劳动市场中，经济主体有欺骗匹配机制获得更大利益的动机。由于欺骗获利的人不断增加，导致该机制仅运行几年就被证明失败。因此非均衡动态理论很有可能成为一个值得重点研究的领域，特别是存在多个均衡时，非均衡动态研究对判断处于哪个均衡状态具有重要的作用。现代实验经济学的另一个特色是适用于博弈理论分析，尽管在实验中，经济主体的偏好和期望是难以控制的，因此很难准确判断何种博弈将会发生。在实验中，所有的参与者被告知博弈规则，考虑到不是所有人都了解规则，同时参与者也会受到非正式规则的影响，因此参与者的策略操纵行为会导致很多可能的结果。解决现代实验经济学中面临的上述与策略选择有关的问题将推动博弈论的发展，并促进博弈论与经济学的融合，同时推动现代实验经济学在理论和方法上的创新。经济学家指出，现代实验经济学发展的主要方向是成为一种检验经济理论的有效和直接的方法，并能够测算其他手段难以测算的变量的影响效果。同时现代实验经济学发展还应关注经济环境的设定，如正式和非正式博弈规则、文化和心理等因素对个人行为的约束等。在这一过程中，应深入了解经济环境中存在的不同种类的摩擦的特性，以使实验结果更有利于解决诸如设计合理的价格形成机制、确定经理在委托代理关系下的补偿机制以及市场设计等现实问题。在博弈论研究中，运用现代实验经济学方法取得的重要贡献，主要集中在两个方面：一是关注学习和认知博弈的实验分析；二是分析劳动力市场的匹配机制设计。罗斯和艾瑞夫（Roth and Erev，1995）建立和发展了加强学习模型，在模型中，参与者进行重复博弈以获得最好的结果。该研究考虑了参与者存在的认知极限，因而增加了博弈理论对现实世界的解释和预测能力。在研究中，实验环境被模拟为由两个参与者组成的最后通牒讨价还价模型以及由十个参与者构成的市场博弈模型，并在四个具有可比性的国家中进行。在前一个实验中，研究对象参与十个博弈局，与不同的对象进行讨价还价，尽管不同组同时进行，但每个组的成员只知道该组的结果。在后一个实验中，通常由九个人作为不同的买者，由一个人作为卖者，卖者可以接受或拒绝最高报价，每一个参与者知道交易是否发生以及以什么价格进行交易，研究对象参与十个市场实验，并不断变换买者。两个实验中子博弈的完美均衡是其中一个参与者获得全部的财富。罗斯分析实验中观察得到的行为数据，发现在三个不同的两阶段序贯博弈中均得到完美的均衡结果，三个博弈模型包括公共产品供给博弈、市场博弈和最后通牒讨价还价博弈，这些模型的共同点是博弈由两个阶段构成、动态化以及在实现完美均衡时，一个参与者将获得全部收益。但从实验结果来看，三个博弈模型中参与者的行为是有区别的，例如，在公共产品供给博弈和市场博弈中，参与者的行为很快会倾向实现完美均衡预期，而在最后通牒博弈中，参与者在获得大量经验的情况下也能实现完美均衡预期，当更换研究对象后会出现不同的结果，而且在参与者获得经验后也会出现不同的结果。研究者通过比较实验研究数据与计算机模拟结果发现，它们均显示讨价还价博弈与其他两个博弈存在结构差异，模型的短期预期与实验数据吻合。斯洛尼姆和罗斯（Slonim and Roth，1998）采用加强学习模型研究非合作讨价还价博弈行为，实验选择在斯洛伐克进行，观察实验中参与者在无经验和有经验条件下的行为，研究对象被随机分配为博弈的一方，并在参与的十个博弈局中扮演相同的角色。研究对象在每个博弈局中将面对不同的博弈者，且只知道其所在局的结果。子博弈的假设是每个响应者将接受有益的提议，因为拒绝有益的提议将无法实现货币收益的最大化。在研究中，研究者根据前两轮博弈中局中人的行为模拟计算机下议价者的最初特征，并进行上千次的模拟试验。研究发现，奖金变化对无经验的参与者仅有很小的影响，拒绝频率在高奖金和低奖金下也没有明显区别。但当研究对象获得经验时，奖金越高，拒绝的频率越低。考虑到在不同奖金水平下，出价者具有不同的学习模式，因此在不同奖金下拒绝频率在统计上是存在显著差异的。加强学习模型表明拒绝频率的降低是在最后通牒博弈中高奖金导致出价人降低出价的原因。艾瑞夫（Erev，1998）通过实验研究发现，加强学习模型不仅能在事后解释经济主体的行为，而且能在事前对行为做出预期。在研究中，艾瑞夫试图通过设计包含更多时期和各种具有单一均衡的混合博弈策略来研究学习模型的事后解释描述能力以及事前的预测能力。研究中进行 12 次的重复博弈实验，其中 5 次的实验结果显示学习模型的预期不准确，平均支付的强度更接近随机选择情况，而不是接近均衡预期，初始的学习趋势经常偏离均衡预期，在出现偏离的多数情况下，当博弈次数足够多时，行为会趋向均衡预期。根据相关实验得到的参数估计值模拟每个实验，通过增加遗忘行为、实验次数等因素，拓展为三参数学习模型，从而有效提高了模型的描述和预期能力，并适用于分析学习趋势发生改变的情况。在此基础上，通过增加信息参数、最大化参数和习惯参数，将简单学习模型扩展为基于信念的学习模型，研究发现，无论是从整个实验的平均结果来看，还是从某对对弈者的博弈策略路径以及每个博弈者的决策来看，只具有单参数的加强学习模型的表现要好于静态均衡预期，而在预测上，基于信念的学习模型并不比加强学习模型表现得更好。除采用实验研究方法分析学习和认知博弈外，还可通过实验验证出合作讨价还价博弈模型可以定性地准确预测在风险厌恶下的变化效果。在实验中，研究者通过设计使用彩票作为回报，从而控制研究对象的风险厌恶，实现降低研究难度的目标。通过调整提供给研究对象的关于其他研究对象报酬的信息，实验分析发现焦点效应和公平的重要性。奥克斯（Ochs，1989）通过一系列实验检验非合作讨价还价模型的预测性，研究针对博弈长度和折扣因子分为在固定长度下不同折扣因子间博弈以及相同折扣因子下不同长度博弈等八个单元，在实验中对相同过程下的具有不同参数的博弈进行比较，检验讨价还价均衡定性预测的准确性，并研究博弈参数的变化对观测结果的影响，在后续的研究中扩展为调查四个不同国家的讨价还价行为。

二、现代实验经济学对国民经济实践的影响

近年来，现代实验经济学研究方法主要被应用于研究检验各种匹配机制的效果，这些研究主要包括对美国医学毕业生市场的研究以及对英国区域医疗市场的研究等。在美国医学毕业生市场的研究中，研究者通过实验研究检验了建立的新算法的效果，该算法与基于雇主的盖尔－沙普利递延接受算法相似。在早期的医学毕业生市场，毕业生通常被雇用为住院实习医生，该市场大多是分散的，由于对医学毕业生需求加剧，医院提前雇用毕业生为实习医师，甚至有些时候没有毕业的学生也被雇用为实习医师，这一情况造成了许多消极后果。例如形成挤兑，使市场难以出清。为解决该问题，医学院采取规定学生答复意向的最后期限等手段，导致学生没有足够多的时间进行决策，因而可能失去更好的机会，许多其他市场也存在类似问题。为此，研究者建立了实现稳定配置的匹配算法，该算法通过建立被称为国家住院医生配置计划（NRMP）的规则，实现了毕业生与医院的匹配，解决了美国医学毕业生市场存在的问题。研究者通过实验研究也证明了市场中存在的循环现象，即对于被成功设计的市场，将有很多代理人加入该市场，从而产生更多的交易机会，反过来又吸引更多的代理人参与，提高参与率。因而 NRMP 的成功主要在于其依据的算法产生了稳定匹配，而如果该算法产生的是非稳定匹配，实习医生和医院就会去寻求形成更有利的匹配，而规避该规则。在对英国区域医疗市场的研究中发现，该市场具有和美国医疗市场同样的问题，每个地区采用各自的匹配算法，一些具有稳定匹配；另一些不具有稳定匹配。其中，爱丁堡和卡迪夫的医疗集中交易场所采用的

算法与递延接受算法基本相同，在实践中运作得比较成功，而伯明翰、纽卡斯尔和谢菲尔德则放弃导致不稳定匹配的算法。对美国医学毕业生就业市场的实验研究证实了关于均衡配置与均衡算法的理论研究成果，在研究中学者们令人信服地证明匹配算法可以提高市场效率。由于美国医学毕业生就业市场具有界定清晰的博弈规则——集中匹配机制，这些规则便于通过实验方法检验根据博弈理论得到的预期行为。相应地，各种具有界定清晰博弈规则的匹配机制均能被深入分析和研究。佩朗森等（Peranson et al. , 2001）采用随机数据和 NRMP 数据进行计算机模拟来研究盖尔和沙普利提出的基于递延接受算法的策略操纵的收益。研究成果表明，在大型市场中，仅有非常少的代理人能够从控制递延接受算法受益，在后续的研究中，他们阐明了在大型市场中，通过策略操纵获得的收益是如何消失的。一个与此相关的问题是：如果参与者有不完全信息，是否存在贝叶斯—纳什均衡。通过实验也证明，对任何机制而言，均不存在均衡。但是对求职者来说，基于求职者的递延接受机制是激励兼容的，在真实信息条件下会实现纳什均衡，并产生稳定匹配。在大型市场中，由于从策略操纵中获得的潜在收益是有限的，缺少激励兼容并不会产生严重影响。

对最优交易循环算法进行的实验分析和计算机模拟证明，唯一稳定配置的显示机制是占优策略，对所有的参与者是激励兼容的。事实上，它也是唯一的具有帕累托效率、个人理性和激励兼容的显示机制。最优交易循环算法主要研究具有不可分产品交换特点的市场，如住房市场，最优交易循环算法和模型也可以解决现实生活中的许多重要问题，如器官捐献、公共教育资源分配等。在研究中假定交易者不能使用旁支付，在该市场中，每个代理人初始时拥有一件产品，这一假定在后续的研究中被扩展到代理人在初始时不拥有产品，或有若干产品在初始时并不为代理人所拥有的情况，可以通过最优交易循环算法产生稳定配置。该过程可以用有向图来说明，由初始的捐助者开始，每个代理人说明其最偏好的商品进行匹配，在有向图中至少一定存在一个循环，即一组代理人可以通过互相交换产品来获得他们喜欢的产品，当这些交换出现时，相应的代理人和产品也就从市场中消失了。这个过程在其余的代理人和产品中重复进行，直至所有的产品均被分配。如果偏好是刚性的并且以弱帕累托改进定义稳定性，那么对任意给定的初始捐助，总存在唯一的稳定配置。

2002 年和 2008 年的实验研究支持了稳定匹配算法可以阻止市场失灵的假设，在这些研究中，使用了可控的实验来比较和评价各种机制的效果。例如，卡格尔等（Cager et al.，2000）通过实验方法比较了爱丁堡和卡迪夫的稳定匹配的算法和纽卡斯尔的不稳定匹配的算法。在实验中，采用两种匹配机制，一种是集中的匹配机制；另一种是分散的匹配机制，当采用优先匹配算法时，实验中的市场倾向于解体，许多匹配是在该机制外实现的，当采用递延接受算法时，没有出现上述问题，该实验研究证明了罗斯的假设，匹配算法及其稳定性对市场功能有重要影响。对于例外情况，如剑桥和伦敦医院的非稳定机制并没有导致市场解体，是由于两家医院的特殊性阻止了市场解体，例如社会压力等因素，而与匹配算法无关。聂德尔等（Nieder et al.，2005）采用实验方法研究了美国医疗劳动市场，他们发现该市场中稳定匹配算法失效是由于求职者不知道市场出现的内生冲击，也意味着在非常特殊的情况下，稳定算法可能失效。2006 年学者们重新引入递延接受算法以解决该市场中出现的问题，在后续的实验研究中初步证实了在该市场中重新引入匹配机制的积极作用。实验研究证明在复杂条件下，双边匹配理论及算法仍是非常有用的，考虑到会受到历史和社会观念等因素的影响，市场更多表现为对已有机制的完善，而非彻底改变。例如美国实习医生求职市场的重新设计源于 NRMP 算法的合法性不断受到挑战，NPMP 算法采用的是基于雇主的匹配算法，因此该算法对医院有利而对毕业生不利。双边匹配理论解释了基于雇主的匹配算法对毕业生不是激励兼容的，在理论上，毕业生可以通过博弈来实现最大收益，因此实习医生求职市场的复杂性决定基础理论不能直接被采用。新算法的目标是产生尽量有利于求职者的稳定匹配，并满足医疗市场特殊的约束条件。实验研究结果证实了在很多情况下，对求职者来说，新算法比原有的基于雇主的算法更有利。实验结果也发现在新算法下，代理人不可能通过策略操纵获益。在采用该算法后，每年有两万毕业生实现了匹配，经验数据和实证研究也证明了该算法实现了稳定配置。新问题激发了理论的发展，理论的发展又促进新的实践应用。尽管巴林斯基等（Balinski et al.，1999）学者认为学校不能作为博弈主体，但学位申请制度仍具有双边博弈的特征，由于学生对于特定学校会有优先选择意向，学校因而对学生有某种偏好，即某些学校会优先录取第一志愿的学生。该模型与双边匹配模型的主要区别在于学生选择的偏好是基于客观的能被证实的标准。在此情况下，对学校来说并不必然存在激励兼容，而且优先次序并没有像偏好次序那样的福利含义。这些区别意味着基于申请者偏好的递延接受算法不仅对申请者是激励兼容的，而且是最优的。罗斯（Roth，2008）通过实验研究证明纽约公立高中使用的递延接受算法和波士顿公立高中使用的另一版本的递延接受算法均实现了稳定配置。在实验研究中考虑到2003年以前，纽约公立高中与申请者的匹配过程导致市场拥堵问题，申请者没有足够的机会表达其偏好，而学校也没有足够机会向申请者提出录取意向，导致市场难以出清。同时考虑到该制度不是激励兼容的，学校会优先录取第一志愿学生，因此如果学生认为他被最满意的学校录取的机会很小，其最优策略是将一个更现实的选择作为优先选择。因此该制度被重新设计，新制度采用的是基于申请者的递延接受算法，并根据相关制度和纽约的习俗进行调整，该算法对申请者是激励兼容的，即申请者的最优策略是真实提供偏好次序，从而解决了市场拥堵问题。从效果来看，新制度实施后，仅有3000名学生没有实现满意匹配，比调整前减少了90%。

三、现代实验经济学对国民经济学创新的推动作用

对于现代实验经济学与国民经济学的关系，斯塔莫认为"就实验室中的异常在经济理论的长期发展中是否重要的问题，我想可能存在，也

可能不存在。对大多数实践的目的而言，它们也许会被忽视，因为你可能会发现，一个非常普遍的经济理论在现实中比在实验室中表现得更好。如果是这样，也许实验室实验可能就会在将来某一天过时，我不知道也不相信我们能够确定地对这种问题做出评判。"因此研究异常复杂的人类行为和社会规律，需要构建更合理的经济模型以有效模拟真实世界。此外，在研究中除保证研究方法和过程的科学合理外，还需要评估研究的基本价值和行为环境。从这个意义上，现代实验经济学对国民经济学创新产生了重要的推动作用。主要体现为以下三个方面。

首先是对"理性人假设"的发展。在国民经济学研究中，假定经济主体以逻辑系统方式获得信息，并在给定的、可获得的选项和预期的目标中完成最优选择。这种选择是具有前瞻性的，也就是说决策者已经完全考虑到当前决策的未来结果。然而，现代实验经济学以实际证据对新古典经济学这一核心假设进行发展，实验研究表明，个体选择和理性经济人假设是不符的，经济主体既不具有新古典假定中的完全理性，也无法进行无限阶次的理性推演，并且经济主体并不是完全自利的。在现代经济学研究中对传统假设，特别是无限理性、完全自利以及完全自控这些假设进行修正的科研工作日益增多就是一个证明。而且，近年来研究日益依赖于实验室实验而不是传统的实证数据。因此，学者们考虑以有限理性范式来替代理性，或考虑保留理性范式修正自利假定。赫伯特（Herbert，1986）认为，"国民经济学中许多理论的成功靠的并不是理性或者自利这些规范性的假设，而在于它的那些辅助性假设"。在市场实验中表明的、无意识的行为带来的是与按照逻辑和计算方式行动相比更合理的结果。而现代实验经济学正是沿该路径发展的，即它可以帮助学者寻找到底是哪些假设在什么情况下起作用。

其次是对效用理论一些基本属性的创新。在微观研究中，消费者偏好是给定的，不会因环境变化而改变，并满足传递性、完整性以及自反性假设，成为不可验证的公理。以此为基础，决策者按照对外部条件和对其行动的影响形成概率期望，并依据特定规则来进行决策。所以给定偏好、选择集与规则，决策过程可以简化为期望形成和最大化的问题。

而实验特别是在不确定情况下进行的实验结果表明，这种处理依据的规则和前提假设是不成立的。经济主体并没有去追求最大化，即使有也很少能实现。并且在决策过程中，诸多因素会显著影响期望进而决策的形成过程。有些决策会符合最大化原理的规则，但是有些并不符合。考虑上述研究成果，人类的决策行为被看作情景依赖的。

最后是对均衡产出结果的完善。史密斯认为，在现代实验经济学的发展过程中，我们看到的最为显著的三个命题有：（1）理性经济人在解决决策问题时，并不会像经济学家那样思考和计算。（2）我们不能假设理性经济人在市场背景下得不到正确的答案。事实上大量的实验证据表明，市场环境中的个体决策通常与理论的预测相一致。也就是说，个体在非市场或者完善市场环境中表现出的行为与其在市场中表现出的行为存在显著差异。（3）人们能在没有进行有意识的逻辑推断和计算的情况下获得正确答案。也就是说，新古典的理论是静态的，依靠传统理论，国民经济学并不能整合前面两点差异，同时解释个体的短期行为以及长期向均衡的收敛。现代实验经济学为解决上述问题提供了有益的思路，这主要体现在现代演化博弈论的发展。在研究中，现代实验经济学家们一直遵循这些原则，这些原则的共同点是均衡不再立即就能实现。

四、结语

国民经济学研究的重点是对有现实意义的特征性事实给予理论解释和导出有现实意义的逻辑内涵，在这一过程中贯穿的是在实践中不断检查理论前提和结果的现实性问题，而现代实验经济学帮助研究者从无法进一步定义的"公理"和"假设"出发来建构理论，从而推动国民经济学的创新发展。

现代实验经济学的思维方法有利于国民经济学的研究方法与我国的发展实际相结合，摆脱传统思维定式，从方法导向转向问题导向，从而建立更为科学的国民经济学研究体系。同时也有利于从理论与实验协同、实验体系设计、实验学习方式改革等方面推动国民经济学的创新发展。

参考文献

［1］罗斯：《经济学中的实验室实验：六种观点》，中国人民大学出版社 2007 年版，第 34～46 页。

［2］米勒：《现代实验经济学：如何构建完美的金融市场》，中国人民大学出版社 2006 年版，第 43～51 页。

［3］史密斯：《现代实验经济学论文集》，首都经济贸易大学出版社 2008 年版，第 56～72 页。

［4］E Peranson et al. The Redesign of Matching Market for American Physicians: Some Engineering Aspects of Economic Design. American Economic Review, 1999, vol. 89, pp. 341 – 374.

［5］Erev I and A E Roth. Predicting How People Play Games: Reinforcement Learning in Experimental Games with Unique Mixed Strategy Equilibria. American Economic Review, 1998, vol. 88, pp. 848 – 881.

［6］Ochs J, et al. An Experimental Study of Sequential Bargaining. American Economic Review, 1989, vol. 79, pp. 355 – 384.

［7］Roth A E and I Erev. Learning in Extensive – Form Games: Experimental Data and Simple Dynamic Models in the Intermediate Term, Games and Economic Behavior, 1995, vol. 8, pp. 164 – 212.

［8］Slonim R. et al. Learning in High Stakes Ultimatum Games: An Experiment in the Slovak Republic. Econometrica, 1998, vol. 66, pp. 569 – 590.

高校经济类专业课"课程思政"建设的研究与实践

杨爱兵

为深入贯彻落实习近平总书记关于教育的重要论述和全国教育大会精神,贯彻落实中共中央办公厅、国务院办公厅《关于深化新时代学校思想政治理论课改革创新的若干意见》,把思想政治教育贯穿人才培养体系,全面推进高校课程思政建设,发挥好每门课程的育人作用,提高高校人才培养质量,2020 年 5 月 28 日,教育部印发了《高等学校课程思政建设指导纲要》(以下简称《纲要》)。《纲要》指出,全面推进课程思政建设是落实立德树人根本任务的战略举措;课程思政建设是全面提高人才培养质量的重要任务。课程思政,不仅势在必行,而且刻不容缓;不再是"做不做"的问题,而是"必须做"的问题;不再是"有没有"的问题,而是"好不好"的问题。

一、研究意义

"课程思政"最初是由上海高校提出的一个新概念,是指以构建全员、全程、全课程育人格局的形式将各类课程与思想政治理论课同向同行,形成协同效应,把"立德树人"作为教育的根本任务的一种综合教育理念。

2016 年 12 月 7 日，全国高校思想政治工作会议提出：所有课堂都有育人功能，不能把思想政治工作只当作思想政治理论课的事，其他各门课都要"守好一段渠、种好责任田"。要把做人做事的基本道理、把社会主义核心价值观的要求、把实现民族复兴的理想和责任融入各类课程教学之中，使各类课程与思想政治理论课同向同行，形成协同效应。

2017 年 6 月，教育部在上海召开全国高校"课程思政"现场推进会，提出"上海经验"。以"课程思政"为载体，探索"知识传授与价值引领相结合"的有效路径。推进"课程思政"改革，不是简单增开几门课程，也不是增设几项活动，而是把价值观培育和塑造，通过"基因式"融入所有课程，将思政教育贯穿于学校教育教学全过程，将教书育人的内涵落实在课堂教学主渠道，让所有课程都上出"思政味道"、突出育人价值，让立德树人"润物无声"。

2018 年 6 月，教育部部长在新时代全国高等学校本科教育工作会议上的讲话指出，"这里我要特别强调一下课程思政、专业思政的问题。2018 年高校师生思想政治状况滚动调查结果显示，对大学生思想言行和成长影响最大的第一因素是专业课教师"。"高校要明确所有课程的育人要素和责任，推动每一位专业课老师制定开展'课程思政'教学设计，做到课程门门有思政，教师人人讲育人"。

2020 年 5 月 28 日，教育部印发了《高等学校课程思政建设指导纲要》。目前，全国所有高校、所有学科专业都要求教师认真学习和体会《高等学校课程思政建设指导纲要》的精神与内容，全面推进"课程思政"建设，不同类别的课程，如通识教育课、公共基础课、哲学社会科学课程、自然科学课程的任课教师都在实践中探索，如何更好地达到课程思政的目标。

二、主要解决的教学问题

（一）从课程理论上明确课程思政不是"课程＋思政"的问题

所有经济类专业课程都是社会性与客观性的统一，课程思政体现在课程知识的选择、分配和教学设计的每一个环节中。专业课教师通过对经济理论知识的选择与过滤，一些知识才得以进入课堂成为课程知识，它的选择和组织表层上看是技术性问题，深层上看则是文化问题、意识形态问题。所有经济理论知识都有社会属性，但不同知识之间确实存在着客观上的差异，有些知识就是比其他知识更加"有力"，更能帮助学生解释、解决经济社会中的各种问题。专业课教师就是让学生去学习那些"强有力的知识"并设法让他们学会这些知识，在更高层面上感受到这些知识的价值。由此可以看出，给什么样的学生提供什么样的知识体现着思想政治教育的元素。

（二）经济类专业课教师对课程思政的认同问题

通过问卷、面对面交谈、随堂听课等对专业课教师进行调查，总结出专业课教师在课程思政认同方面需要改进的一些问题。如部分专业课教师认为课程思政是学校下达的教学任务，对课程思政内涵缺乏深入了解；部分专业课教师被动接受，没有积极性和热情去思考探索在自己所教的课程中如何融入思政元素。因此提出要拓宽经济类专业课教师对课程思政的认知途径；落实立德树人根本任务、提升专业课教师的获得感；树立正确的育人观，形成育人合力；推崇榜样力量，注重典型示范作用。

（三）经济类专业课教师如何用思政元素影响学生的问题

作为课堂教学的主体，也是"课程思政"的主体的教师，在提高"课程思政"育人实效的过程中发挥着不可替代的作用。现在的大学生都很有个性，连自己父母的"说教"都逆反，我们做教师的又"何德何能"让学生心甘情愿地听我们的，并且相信我们所讲的？专业课教师要育人先育己，只有凭借"对教书育人的投入""对学生真诚的心态""教师在学生中的口碑"等来影响学生，才能真正做到课程育人。

（四）如何建立经济类专业课课程思政内容体系的问题

针对如何实施的问题，要结合经济类专业课的课程特色、思维方法和价值理念，深入挖掘课程思政元素，有机融入教学内容，在课程思政内容体系中增加应用性、实用性、实践性、实训性和实证性等内容。推进课程思政"十进工程"：进人才培养方案、进教学大纲、进教材、进教案、进课件、进课堂、进考试、进论文、进学生活动以及进教研活动，提高课程思政教学的科学性、引领性、时代性和开放性。

三、解决教学问题的方法

（一）针对专业课教师对"课程思政"的认识和认同问题

经济类专业课教师作为实施"课程思政"的主体，育人先育己，要进行师德建设。首先，专业课教师要以忠于人民的教育初心固护民之根本和以忠于教育的奉献精神坚守师之要义。奉献精神来源于教师对教育职业所秉持的干一行爱一行的内在高度认同，来源于教师执着于教书育人事业的至高无上的责任。其次，教师在言谈举止等细节中面向学生传达的对社会公德所创造的价值、思想、观点的认同对学生来讲具有强烈示范性和正向激励效应。最后，教师一是要修为立身，以教化人；二是要自律立身，以率正人。成为学生喜爱、尊敬、崇拜的老师，所讲授的内容才可能被学生接受。

（二）针对专业课课程思政建设的内涵和主要内容问题

加强课程思政建设，需要深入挖掘各门专业课程所蕴含的思想政治教育元素和所承载的思想政治教育功能。用鲜活丰富的思政元素去提升课程的思想政治教育价值和功能，实现知识传授、能力培养和价值塑造有机统一，增强学生的使命担当。一是践行习近平新时代中国特色社会主义经济思想。二是加强理想信念教育，增强政治认同。引导学生了解世情、国情、民情，注重把爱国主义和民族情怀贯穿专业课教学中。三是弘扬社会主义核心价值观，厚植家国情怀。把培育和践行社会主义核心价值观融入课程教学全过程。把国家意识社会责任意识和公民的价值要求融为一体。引导学生树立正确的世界观、人生观、价值观，不断提升道德修养，丰富学识素养，正确认识社会价值和自我价值的关系，奉献社会、服务人民。四是开展人文精神和创新创业教育，提升职业素养。结合课程的知识性、人文性，围绕职业道德、"双创"精神等，加强科学精神和实践精神培育，培养学生经世济民、德法兼修的职业素养。

（三）针对课程思政建设的路径问题

课程思政建设不仅势在必行，而且刻不容缓；不再是"做不做"的问题，而是"必须做"的问题；不再是"有没有"的问题，而是"好不好"的问题。怎么才能做好呢？第一，强化价值塑造。立德树人是高等教育的根本任务，每门课程都是育人资源，承担育人责任。在教学设计中，注重贯穿职业素养，将我国发展历史重大事件和重要人物与培养学生的个人品格、道德情操有机结合起来，引导学生学会做人做事，使学生在学习专业知识的同时，理想信念和世界观、人生观、价值观得到培养和塑造。第二，推进专业育人。将思政育人贯穿在各门课程的教材建设、课堂教学和实践应用中，多环节加强对学生的内化引导。

坚持"思政进教材"的理念，充分彰显"中国实践、中国信心"。坚持课堂教学中增加社会经济热点问题和国内外经济发展动态分析，引导学生在分析经济热点问题中培养理论思维，增强辨别能力，提升政治素养。第三，创新教学模式。开展案例式教学、真实问题导向、线上线下结合等教学改革。在教学设计中，把思想政治教育元素放在突出位置，深入分析课程内容，善于运用马克思主义的立场、观点和方法来发现问题、提出问题、分析问题、解决问题，将讲授内容从知识维度、能力维度深入价值维度。把价值观培育融入专业课程，提升学生对思政育人的接受度，通过渗透式的"隐形教育"，让立德树人"润物无声"。

四、研究成果的创新点

（一）提出课程思政"育人"前要先加强师德建设，提升教师意识和能力

教师作为课堂教学的主导者，必须有自觉的育人意识，其育人的主体性必须得到提升，以适应课程思政同心、同向、同行的育人目标指向要求。长期以来，由于认识偏差，很多教师片面认为自己教好书就行了，育人是思想政治理论课教师的事情，不是自己的责任，没有做到与思想政治理论课同心、同向、同行。因此提出首先要进行师德建设：明大德，立教之魂；守公德，立师之根；严师德，立身之本。其次提出拓宽专业课教师对课程思政的认知途径；提升专业课教师的获得感；树立正确的育人观，形成育人合力；推崇榜样力量，树立典型示范作用。

（二）以学生的发展为中心的课程思政教学内容建设

一是理想信念教育。

重点：以"国际先进水平是什么？我国目前的差距是什么？国内优秀团队在做什么？我们应该学什么？""国家需要什么？学校承担什么？

我们能做什么？"等问题，使学生具备世界眼光、战略思维、忧患意识、创新勇气和担当精神。

课程思政案例：中国杰出经济学家、榜样力量专题。

二是政治认同教育。

重点：引导学生自觉加强政治学习，主动了解世情、国情、党情、民情，关注国家经济政策，特别是相关行业领域政策导向，将个人成长与国家经济发展紧密联系在一起。以专业榜样彰显中国精神、以专业发展讲述中国道路、以专业担当服务强国使命、以专业自信坚定"四个自信"。

课程思政案例：建党百年经济建设成就专题。

三是家国情怀教育。

重点：教育引导学生关注世界经济形势及其发展变化，既有匡时济世的志向，又有世界大同的理想，成为具有中国情怀、全球视野的人才。

课程思政案例：中华人民共和国成立 70 周年专题中国工业、农业现代化之路。

四是道德修养教育。

重点：从正反两方面真实案例入手，教育引导学生增强职业责任感，培养遵纪守法、爱岗敬业、无私奉献、诚实守信、公道办事、开拓创新的职业品格和行为习惯。引导学生立德修身，既要立意高远，又要立足平实，做好小事、管好小节，学会感恩、助人、谦让、宽容、自省、自律，正确处理义和利、群和己、成和败、得和失等关系。

课程思政案例：感动中国人物专题。

五是文化素养教育。

重点：引导学生深刻理解中华优秀传统文化中讲仁爱、重民本、守诚信、崇正义、尚和合、求大同的思想精华和时代价值，使学生具有传承中华文脉的自觉自信，富有中国心、饱含中国情、充满中国味。

课程思政案例：文化自信、道路自信专题。

六是知行合一教育。

重点：引导学生将"读万卷书"和"行万里路"相结合，善于学习、勇于实践。坚持实践第一的观点，将实践作为理论与思想之源，通过实践聆听时代声音，感受真实立体全面的中国，增长智慧才干，锤炼意志品质。

课程思政案例：社会实践专题——参观中华人民共和国成立70周年辽宁成就展。

（三）教学方式创新的课程思政

一是用心关爱每一个学生。

创新教与学模式，通过课堂内外、网上网下，面向每一个学生，一生一策、因材施教，及时开展教学反馈、释疑解惑，促进师生之间、学生之间的交流互动，保证每一个学生都有高质量的获得感和成就感。

二是强调注重每一个环节。

将课程思政的理念和内容，贯穿于备课、授课、课堂组织、课下答疑、师生研讨、学业辅导、作业考核等每一个环节。通过与学生开展多方面、多渠道、多途径的交流，在解决专业问题的同时，提升学生思政素质，有针对性地解决学生的精神焦虑、思想迷茫、情感紧张、厌学弃学、缺乏自信、缺少信任等思想问题，促进学生身心健康、全面发展。

三是积极拓展每一种渠道。

通过学术报告、榜样宣传、导学交流、仪式典礼、宿舍建设等方式，借助"大思政"平台，充分挖掘课程思政资源，灵活开展课程思政，激发学生内在潜力和学习动力。

（四）把课程思政元素根植于大学生创新创业大赛中

培养学生自主发现社会发展急需解决的真实问题的能力，组织和指导学生参加"互联网＋""挑战杯"等各级别的大学生创新创业大赛，提高他们分析问题、解决问题的能力和创新创业能力；在实践中培养学生的团队意识、责任意识和家国情怀。

五、课程思政案例

（一）践行习近平新时代中国特色社会主义经济思想

国民经济管理的终极目标——坚持以人为中心的发展。

（二）中华人民共和国70周年工业现代化专题

我国目前是世界上唯一拥有联合国产业分类中所列全部工业门类的国家，回首70年，中国从一个农业大国迅速成长为世界第一的工业大国、制造大国，无疑让世界瞩目，而中国的工业化是在"一穷二白"的基础上开始的。讲座选取70年中9个重要的历史节点，理论和实践相结合，与同学们共同探讨了我国的工业现代化之路。

（1）1953～1957年在稳定了国际国内环境之后，开始第一个"五年计划"。

（2）1964年全国人大三届一次会议确定把我国建设成为一个具有现代农业、现代工业、现代国防和现代科学技术的社会主义强国的目标。

（3）1978年党的十一届三中全会举行，开启了改革开放和社会主义现代化的伟大征程，中央作出《中共中央关于加快工业发展若干问题的决定（草案）》（简称《工业三十条》）。

（4）1979年中共中央、国务院决定在广东蛇口建立全国第一个对外开放工业区——蛇口工业区。

（5）1984年党的十二届三中全会通过《中共中央关于经济体制改革的决定》，提出社会主义经济是公有制基础上的有计划的商品经济。

（6）1992年党的十四大正式提出建立"社会主义市场经济"目标。

（7）1994年邓小平南方谈话以后，中国的改革开放向全世界展现了决心和诚意。

（8）2010 年国务院作出《国务院关于加快培育和发展战略性新兴产业的决定》。

（9）2017 年国务院印发并实施《新一代人工智能发展规划》。

（三）中国共产党成立 100 周年专题

《中国共产党领导经济建设的成就和经验》

习近平总书记在庆祝中国共产党成立 100 周年大会上的重要讲话中指出："中国共产党一经诞生，就把为中国人民谋幸福、为中华民族谋复兴确立为自己的初心使命。"一百年来，我们党坚守这一初心使命，为把我国建设成为社会主义现代化强国不懈奋斗。历经百年风雨，中华民族迎来了从站起来、富起来到强起来的伟大飞跃，我国经济建设走过了极不平凡的历程。

经济建设成就举世瞩目

我们党领导人民创造了世所罕见的经济快速发展奇迹和社会长期稳定奇迹，经济建设成就举世瞩目。经济总量大幅跃升，经济实力显著增强。从新中国成立前的积贫积弱到中华人民共和国成立后特别是改革开放以来经济快速发展，我国经济总量相继超越意大利、法国、英国、德国、日本，2010 年起稳居世界第二，实现了从低收入国家向中高收入国家的历史性跨越。国内生产总值从 1952 年的 679.1 亿元跃升至 2020 年的 101.6 万亿元，实际增长 189 倍，人均 GDP 从 119 元提高到 7.2 万元。自 2006 年起，我国连续 15 年成为世界经济增长的最大贡献国，目前已是世界制造业第一大国、货物贸易第一大国、商品消费第二大国、服务贸易第二大国、使用外资第二大国、对外投资第一大国。经济实力的快速提升不仅深刻改变了中国，也深刻影响了世界。

经济结构不断优化，科技创新成果丰硕。农业方面，旧中国约 80% 的人口长期处于饥饿或半饥饿状态，现在人均粮食占有量已达 474 千克，主要农产品产量稳居世界前列。工业方面，新中国成立前连火柴、肥皂、煤油、水泥、铁钉都需要进口，今天我国 220 多种工业品产量位居世界第一，新一代信息技术、高端装备制造、新材料等战略性新兴产业蓬勃发展。在科技进步支撑下，产业发展水平不断提升、结构持续优化。区域发展成就辉煌，从推进"三线建设"、鼓励沿海地区率先发展到统筹推进西部开发、东北振兴、中部崛起、东部率先，再到深入实施京津冀协同发展、长江经济带发展、粤港澳大湾区建设、长三角一体化发展、黄河流域生态保护和高质量发展等区域重大战略，区域发展协调性不断增强，新的增长极、增长带加快形成。

绿色发展加快推进，生态环境明显改善。深入实施节约资源和保护环境基本国策，"绿水青山就是金山银山"理念深入人心，生态文明制度体系加快形成，生态文明建设持续加力。积极参与和引导应对气候变化国际合作，向世界作出"力争2030年前实现碳达峰、2060年前实现碳中和"的庄严承诺，彰显负责任大国的使命担当。

对外开放持续扩大，深度融入世界经济。从兴办经济特区、沿海沿边沿江沿线和内陆中心城市对外开放，到加入世界贸易组织、共建"一带一路"、设立自由贸易试验区和自由贸易港，从"引进来"到"走出去"，从商品和要素流动型开放到规则等制度型开放，我国全方位、多层次、宽领域的全面开放格局加快形成。

民生福祉不断增进，国泰民安人心凝聚。人民生活实现了从解决温饱到总体小康再到全面小康的巨大跨越，人民群众的获得感、幸福感、安全感不断增强。7.7亿农村贫困人口摆脱贫困，困扰中华民族几千年的绝对贫困问题得到历史性解决。居民人均可支配收入从1949年的49.7元增长到2020年的3.2万元，目前中等收入群体超过4亿人。

成功经验弥足珍贵

在全面建设社会主义现代化国家新征程上，我们必须坚持以习近平新时代中国特色社会主义思想为指导，增强"四个意识"、坚定"四个自信"、做到"两个维护"，牢记"国之大者"，不断提高政治判断力、政治领悟力、政治执行力，认真总结、深刻领会党领导我国经济建设积累的成功经验，立足新发展阶段、贯彻新发展理念、构建新发展格局，推动高质量发展，为实现第二个百年奋斗目标、实现中华民族伟大复兴的中国梦奠定坚实物质基础。

　　坚持党对经济工作的全面领导。党的领导是做好党和国家各项工作的根本保证。实践证明，坚持党对一切工作的领导，坚决维护习近平总书记党中央的核心、全党的核心地位，坚决维护党中央权威和集中统一领导，把全体人民紧紧团结在党的周围，我们就能够战胜一切艰难险阻，谱写经济快速发展和社会长期稳定"两大奇迹"新篇章。在新征程上，必须坚持和完善党领导经济社会发展的体制机制，提高领导经济工作科学化水平，把党中央决策部署贯彻到经济工作各方面。

　　坚持以人民为中心的发展思想。人民至上是作出正确决策的根本前提。实践证明，正是因为我们党始终把人民利益放在最高位置，坚持把人民拥护不拥护、赞成不赞成、高兴不高兴作为制定政策的依据，才能作出正确决策，并依靠人民战胜一切艰难险阻。在新征程上，必须坚持立党为公、执政为民，把党的群众路线贯彻到经济建设全部活动中，着力解决人民群众所需所急所盼，充分激发蕴藏在人民群众中的创造伟力，不断实现人民对美好生活的向往。

　　坚定不移贯彻新发展理念。发展是解决我国一切问题的基础和关键，发展必须是科学发展，必须坚定不移贯彻新发展理念、构建新发展格局、推动高质量发展。实践证明，只有牢牢抓住经济建设这个中心，坚持发展是硬道理、发展应该是科学发展和高质量发展，才能推动经济社会持续健康发展，全面增强我国经济实力、科技实力、国防实力、综合国力。在新征程上，必须紧紧围绕解决好人民日益增长的美好生活需要和不平衡不充分的发展之间的矛盾，完整、准确、全面贯彻新发展理念，努力实现更高质量、更有效率、更加公平、更可持续、更为安全的发展。

　　完善和发展中国特色社会主义制度。制度优势是凝聚奋斗伟力的根本保障。实践证明，正是因为我们党始终紧紧扭住完善和发展中国特色社会主义制度这个关键，从传统的计划经济体制到前无古人的社会主义市场经济体制再到使市场在资源配置中起决定性作用和更好发挥政府作用，不断破除妨碍发展的体制机制障碍和利益固化藩篱，才能不断解放和发展社会生产力，解放和增强社会活力。在新征程上，必须坚持发挥党的领导和我国社会主义制度的政治优势，坚持集中力量办大事的制度优势，协同调动各方力量，发挥攻坚克难、推动事业发展的强大能量，永葆党和国家生机活力。

坚持科学决策和创造性应对。这是在严峻挑战下做好经济工作的根本方法。实践证明，正是因为我们党始终坚持问题导向和目标导向相统一，坚持战略设计和战术运用有效结合，主动适应国内外环境变化，不断深化对经济运行规律的认识、把握和运用，才能在抗击大风险、应对大挑战中创造出发展大机遇，确保我国发展始终立于不败之地。在新征程上，必须准确识变、科学应变、主动求变，坚持底线思维和系统观念，坚持稳中求进工作总基调，努力在危机中育先机、于变局中开新局。

资料来源：摘抄自《人民日报》2021 年 07 月 06 日 13 版。

（四）社会实践专题

中华人民共和国成立 70 周年——参观辽宁省成就展（辽宁省博物馆）。

参考文献

［1］《关于深化新时代学校思想政治理论课改革创新的若干意见》单行本，人民出版社 2019 年版。

［2］教育部：《高等学校课程思政建设指导纲要》2020 年 5 月 28 日。

［3］《人民日报》2021 年 07 月 06 日 13 版。

第四篇　创新创业教育

项目导向与团队合作型教学模式
提升大学生创新和实践能力

赵德起

　　"经济学类大学生创新实践能力培养教学改革研究"这一研究针对教学过程中经济学类大学生创新实践能力的培养问题展开，研究主要集中在三个方面：一是大学生创新能力培养研究；二是大学生实践能力培养研究；三是创新与实践相互转化关系研究。有三个主要研究点：一是教学内容改革研究；二是教学方法改革研究；三是教学效果评价改革研究。本文主要从教学内容的改革、教学方法选择和教学实践三个层面对上述三个方面的教学改革加以研究。"经济学类大学生创新实践能力培养教学改革研究"核心目标是"构建培养符合社会需求的具有较高创新实践能力的经济学类优秀大学生教学体系"。具体目标包括：（1）构建培养经济学类大学生创新实践能力的教学内容体系，主要由大学生创新能力教学内容体系和实践能力教学内容体系两部分构成；（2）构建培养经济学类大学生创新实践能力的教学方式体系，包括培养创新能力教学方式、培养实践能力教学方式和创新实践相互转换能力培养的教学方式；（3）构建经济学类大学生创新实践能力评价指标体系，包括学生参与度指标体系、仿真实验测度体系、团队创新与实践能力评价指标体系以及创新实践能力发展过程的评价指标体系。

　　基于此，笔者在讲授的"管理学"课程中实施教学改革，通过这一改革，初步建立了以提升学生创新实践能力为主的"项目导向、团队合作"型的教学模式。

一、提升大学生创新实践能力项目构思：整体设计

（一）教学思路改革

一是构建经济学类创新实践型人才培养的课程体系。根据经济社会发展对经济学人才的需要，紧密结合优势专业经济学和国民经济管理专业的自身特点，追踪学术前沿发展动态，制定人才培养方案，建立符合经济社会发展需要，具有前瞻性、适用性及特色突出的课程体系。二是更新教学内容，加强教材建设。培养经济学类人才创新实践能力要充分反映当代经济学科的最新发展成果，紧密结合中国改革与发展实际，不断更新教学内容，加强教材建设，突出教材中基础理论、经济学现实问题与创新能力和实践能力的相互关系。三是建立创新实践能力培养的教学方法体系。结合各专业的特征，以学生为主体、教师为主导，充分调动学生和教师的积极性，建立多元化的、立体化的教学方法体系。四是完善教师培养和使用机制，加强师资队伍建设。完善校内专任教师到相关产业和领域学习交流以及相关产业和领域的人员到学校兼职授课的制度和机制，建立教师培训、交流和深造的常规机制，建立教师爱岗敬业，努力提高业务素质和教学效果的激励机制，形成一支了解社会需求、具有丰富教学经验、热爱教学工作的高水平专兼结合的教师队伍，为迅速提高经济学人才的创新与实践能力提供了师资保障。五是加强实践实验教学，推进人才培养与社会实践相结合。建立与完善教学实践基地，做好学生实习的指导工作，建立学校、用人单位和行业部门共同参与的学生考评机制。

（二）创新实践人才培养

创新实践型人才主要需具备以下基本条件：一是具有扎实的马克思

主义经济学理论功底，深厚的现代经济学基础、娴熟的数量分析和统计分析技术，熟练的外文听、说、读、写能力及具有独立分析问题和解决问题能力；二是具有较强的问题意识，创新意识和实践意识，主要体现在对基础理论的创新和思维方式的创新，还要善于将创新成果用于经济现象的分析，具备较高的正确解决问题的能力；三是具有创新实践型经济学人才的某种独特能力，包括理论创新能力、理论应用实践能力、系统分析经济问题创新实践能力等。

（三）师资队伍建设

建立领军人物、学术带头人和中青年教学骨干相结合的教学团队；充分发挥老一辈经济学家的传帮带作用；加强培养和引进，为本专业学术带头人创造其充分施展和发挥作用的条件和空间；建立激励机制，大力支持本学科中青年骨干教师茁壮成长，并在学科和专业建设中发挥更大的作用。

（四）改善教学条件

以建设国家级实验教学示范中心为契机，进一步改善教学条件，加强宏观经济预警分析实验室建设，继续开展宏观经济景气和预警分析、经济计量模型、宏观经济运行分析和计算机基础等课程的教学，普及多媒体教学、黑板－数位（BB）平台网络教学，不断加强资料室建设。

（五）健全管理制度

一是继续实施"三项工程"，即"名教授执教核心课""用外语讲授专业课"和"本科生导师制"。二是完善师资培养、使用和激励制度，包括优秀中青年教师、中青年学科带头人和学科拔尖人才的选拔、培养制度；鼓励青年教师攻读博士学位及国内外进修制度；对高水平科研成果的奖励与资助制度；引进人才的特殊政策制度等。三是健全教学管理制度，包括系主任、教研室主任、教务干事联席会议制度；教研室集体学习和集体备课制度；教师自评制度；学生评教制度；教师评教制度；实行教师督导团听课制度、新教师试讲制度、考试巡察制度、集中阅卷制度等。四是充实学生管理制度，如新生遴选制度、学生考评制度、学习与科研激励制度、推荐免试研究生制度以及奖励推免和考取研究生制度等。

（六）创新与实践类课程与教材建设

主要坚持以下原则和做法：一是坚持理论教学与创新实践教学相结合的原则；二是坚持讲授教学与学生主动参与教学相结合的原则；三是增设一些反映现代经济学最新研究成果和适应社会主义市场经济要求的课程；四是逐步扩大"用外语讲授专业课"的范围；五是加快符合经济学类创新实践能力培养要求的教材的编写。

（七）创新实践教学方法

一是强化学生课下阅读环节的设计，培养学生的自学能力；二是加强学生科研环节的设计，引导学生撰写学术论文；三是建立教学实践基地，组织学生开展社会调查；四是支持学生社团活动，鼓励学生召开小型研讨会，自办学术刊物；五是邀请国内外著名专家讲学，活跃学术氛围；六是创建虚拟公司，进行仿真运作。

二、提升大学生创新实践能力的逻辑起点：教学内容改革

（一）学生创新能力培养中的教学内容改革

大学生创新能力培养主要培养大学生创新思维和创新行为，因此相关教学内容的选择要与这两方面相匹配。主要包括：（1）教材及教学辅助内容选择。教材选择与教材编写方面要有利于培养学生的创新能

力。专业核心课、基础课教材在体现专业知识体系的同时，要体现知识所产生的启发性，从而有利于设计出激发学生创新能力的教学方案，同时要使教材能够在培养学生的创新行为方面具有较强的可操作性。在教材的整体设计与局部结构中均要体现学生创新思维和创新行为的支撑点，让学生通过学习相关内容形成系列性与层次性兼备的创新能力。此外，与教材相配套的相关教学内容同样要体现出培养学生的创新思维与创新行为。主要研究相关教学内容对于学生创新思维和行为体系及重点创新思维创新行为培养的触发点及关键点。（2）基础理论课程与创新能力课程设置比例要协调。主要内容包括：基础理论课程中如何带入创新思维和创新行为能力培养的内容；创新能力课程的分阶段设置问题，主要是与大学生的学习阶段相适应，研究如何循序渐进地选择相关教学内容与专业知识的学习相匹配；基础理论课程与创新能力课程在大学四年不同阶段配置比例及两者重点相互转化的研究。（3）大学生创新思维、创新行为发展规律与教学内容匹配。主要包括：大学生创新思维发展轨迹研究；大学生创新行为发展演进研究；创新思维、创新行为相关教学内容在大学生创新能力发展过程中的匹配研究。（4）对已有教材使用方式的创新。以"管理学"课程为例，在原有教材的基础上，根据学生的实际情况，重新配置教材内容，以学生能力形成为主线来配置教材资源。实现教材与学生能力形成相匹配的教学路径。

（二）学生实践能力培养中的教学内容改革

教学过程中大学生的实践能力主要通过模拟仿真实践和实地训练两种方式来实现。这两个方面教学内容改革包括：（1）教材及相关教学内容中模拟仿真实践，包括：模拟仿真实践场景的选择；模拟仿真情境中角色与社会、学生实际差异间匹配关系，主要是真实角色与模拟角色间如何减少差别问题；教学内容选择与专业知识协调问题，主要是专业知识与实践能力训练所选择的仿真环境的协调一致问题等内容；相关教学辅助内容中学生的实际运用问题。（2）实地训练中提高学生实践能力，具体包括：实地训练时间、空间结构与学生专业知识结构的相关性研究，主要有大学四年学生知识结构生成的逻辑和实践能力结构生成的逻辑间的关系、学生专业所需的实践能力空间结构与实践基地的行业分布、地域分布的关系等；实地训练中学生岗位与实际岗位差异化，包括实地训练中大学生工作定位、实践工作与实际工作中责任差异等问题的研究。（3）大学生实践能力发展规律与教学内容匹配关系，主要包括：大学生实践能力发展轨迹研究；大学生实践能力的个性化发展研究；个性化实践能力与社会对实践能力需求间关系的研究；不同类型下的实践能力与课程内容选择及设计的关系研究等。（4）建立项目制的实践团队合作模式。在教学中，依据教学内容和大学生实践能力的需求，建立相关项目团队，开展一系列的真实创业活动，从而提升大学生的实践能力。

（三）大学生创新与实践能力相互转化的教学内容改革

大学生需要将其创新能力转化为实践能力，从教学内容角度来看主要包括：（1）教学内容选择的"留白"研究，主要是在教学内容的选择与设置上如何给大学生的创新实践留有足够的"空白"，既体现其创新实践能力，又不会使其"无从下手"；创新"空白"与实践"空白"的衔接要注意与大学生的实际能力相匹配，否则就会出现"高不成，低不就"的情形，教学效果会受到影响。（2）大学生创新能力与实践能力转化的一般规律及其路径，主要是研究大学生创新能力向实践能力转化的影响因素、一般路径、阶段性特征等。一般地，这一路径应该包括"激发兴趣、目标选择、目标论证、项目实施、项目监督"等环节。这一过程中，教师要针对大学生在不同阶段遇到的困难做出相应的指导，避免其因受挫而放弃，这样就会真正地将学生的创新思想落实到具体的实践操作中。

三、提升大学生创新实践能力的关键媒介：教学方法改革

（一）培养大学生创新能力的教学方法改革

主要包括：（1）对提高大学生创新能力课程内容使用方式的改革，主要有创新能力相关课程内容的差异化组合、同质化组合；创新能力课程内容的"近市场化"和"远市场化"安排，"近市场化"指大学生如何在市场约束条件下提高创新能力，"远市场化"指如何激发大学生在无约束条件下的原始创新能力。（2）大学生参与教学方式的研究，主要有各类团队式创新教学，对模拟形成的各类团队的创新能力的培养；公司运营过程的体验式创新教学，经济活动中决策、计划、监督等各个环节中的创新；启发创新体会式教学方式，在基本理论的学习过程中学生基本理论制约下的创新思维。

（二）培养大学生实践能力的教学方法改革

主要包括：（1）建立大学生课内外实践教学模式，主要有团队式实践模式研究和个人式实践模式；常规式实践能力教学方式和应急式实践能力教学方式，日常经济活动中的实践能力和突发事件时学生处理危机能力的培养方式。（2）真实经济现象推演实践研究，主要有经济理论视角下的经济活动发展推演；经济问题视角下的经济活动发展推演，理论与现实间的差异，从而提高经济学类学生预判经济发展的实践能力。（3）模拟真实经济活动中竞争者对抗演练，主要加强大学生在行业内、行业间竞争者在模拟环境中的角色体验，从而深入研究这一教学方式的一般模式、主要阶段和操作手段。

（三）培养大学生创新能力、实践能力相互转化的教学方法改革

主要包括：（1）创新能力与实践能力同主体与异主体研究。创新与实践能力同主体的教学方法和创新及实践能力异主体的教学方法要体现差异性；（2）行业内和行业间创新能力与实践能力相互转换的教学方法要有侧重点；（3）采取"逆向式"创新与实践能力相互转换教学模式，主要是如何采取纵向溯源方式探究创新与实践能力转换失灵的深层次原因；（4）加强"问题式"创新与实践能力相互转换教学，主要是以横向面上问题为切入点，采取"顺藤摸瓜"解剖式的教学方式促进学生创新与实践能力的相互转换。

四、提升大学生创新实践能力的阵地：课内外教学实践

经济学类大学生创新能力、实践能力培养教学效果的评价研究主要包括四大评价指标体系研究：（1）课堂教学中学生参与度指标体系研究，从学生是创新和实践的主体的角度出发，构建出经济学类大学生参与创新实践教学的各类指标，从而对课堂教学效果进行评估；（2）经济学类大学生创新实践能力评价的仿真实验测度体系研究，主要是以仿真实验的形式来对教学过程中经济学类大学生所形成的创新及实践能力进行模拟检测，对固定测度指标和随机测度指标两大模块进行深入研究；（3）经济学类大学生团队创新与实践能力评价指标体系研究，主要是对团队结构、团队协作、团队运作进行整体评价的指标体系进行研究；（4）经济学类大学生创新实践能力发展过程的评价指标体系研究，主要是以纵向视角对经济学类大学生在大学四年学习过程中不同时期的创新与实践能力进行评价。

（一）课内教学实践——模拟公司运行管理实践

模拟公司运行管理实践能力的培养主要通过笔者所讲授的课程"管理学"（2015 年 3 ~ 7 月、2016 年 3 ~ 7 月）的教学来完成。"模拟公司运行管理实践"主要是通过将教学相关内容置于模拟公司运行环境中完成。通过学生扮演各种不同的角色来完成公司建立、公司项目决策、公司项目实施、公司人才招聘、沟通交流等相关内容。课程设计的主要流程包括：（1）随机设置人员。选择"管理学"课程上课的学生来自财政学、贸易学、统计学、国民经济管理学、金融学等专业，因此学生具备组建公司的基本专业知识。教师将学生随机分成不同的组，每组成员为 10 人左右。（2）各组分别成立公司，构建基本框架。一般规定各级成员在两周内完成公司的基本机构的组建，包括公司的名称、公司各级管理人员的配置及职责的确定等。（3）各公司定期举行运行汇报。要求学生在课堂中各公司选派代表向其他公司汇报公司近期运行情况，包括组织会议、项目研讨，以及创业花絮等。（4）公司专项实训。主要包括公司战略目标、公司项目计划、公司投资决策等内容。各公司要分别以 PPT 的形式演示，从而锻炼学生的沟通及表达和现场应变能力。（5）现场答辩训练。主要是各公司在展示相关任务时，其他公司成员需要进行有针对性的提问，展开辩论，从而提高学生的实战能力。（6）项目测评训练。主要是教师会给各个公司配置初始资金，然后由所有公司的全体成员对各公司各环节运行进行打分，实现资金的二次配置，从而提升训练的实践性。

具体如表 1 所示。表 1 显示了 2016 年 3 ~ 7 月管理学课程模拟公司训练的相关内容。

（二）课外教学实践——大创赛与创新创业训练项目

自本课题项目立项以来，项目成员已经指导学生参加各类项目 20 余项，获得校级、省级和国家级项目立项 10 余项。项目指导老师主要指导学生撰写项目申请报告、项目实施方案、实地调查研究、撰写项目相关论文、项目报告、实地采访等活动。另外，组织学生参与辽宁省教育厅、辽宁省财政厅共同主办的 2015 年辽宁省大学生智慧经济创新创业大赛暨首届 CFCC 大学生智慧经济创意创新创业大赛。

表1　　　　　　2016 年 3～7 月"管理学"课程模拟公司实训情况
（第六次资金配置）

组别	公司名称	总得分	名次	初始资金（万元）	资金变动（万元）
1	先锋虚拟现实公司	80.07	2	1115.1	46.00
2	水滴公司	77.29	5	969.50	18.20
3	天启证券股份有限公司	75.42	1	1626.0	− 0.50
4	雪梨国际旅游公司	75.50	9	832.30	0.30
5	悦理家居服务公司	76.27	8	932.20	8.0
6	自然王国公司	76.26	4	986.80	7.90
7	恩里克全息技术研发公司	67.20	11	813.00	− 82.70
8	皮卡秋娱乐有限公司	75.34	6	940.50	1.30
9	番外帮	75.96	3	1033.6	4.90
10	舒眼科技股份有限公司	73.15	10	820.10	− 23.20
11	畅行娱乐文化有限公司	77.66	7	940.20	21.90

表 2 为笔者指导的大学生创新创业训练国家级项目"Ⅴ爱养老咨询管理有限公司"的相关内容。

五、提升大学生创新实践能力项目基本经验：主要观点

（1）大学生创新思维、创新行为发展规律与教学内容存在着匹配关系。主要指大学生创新思维发展轨迹和大学生创新行为发展演进与创新思维、创新行为相关教学内容在大学生创新能力发展过程中存在着路径匹配关系。

表 2　　大学生创业训练国家级项目"V 爱养老咨询管理有限公司"

项目名称			V 爱养老咨询管理有限公司			
项目起止时间			2015 年 10 月～2016 年 10 月			
负责人	姓名	年级	学院	学号	联系电话	E - mail
	滕××	14	经济学院	1405031××	1570241××××	1570241××××@163. com
项目组成员	顾××	14	法学院	1406031××	1884236××××	131173××××@qq. com
	刘××	14	经济学院	1407041××	1570241××××	62569××××@qq. com
	冯××	14	哲学与公共管理学院	1403061××	1570241××××	139771××××@qq. com
	邹××	14	国际关系学院	1443012××	1524205××	193357××××@qq. com
指导教师	姓名	赵××		职务/职称		教授
	所在单位	辽宁大学经济学院				
	联系电话	1384059××××		E - mail		Zhao××××@126. com
校外导师	姓名	李××		职务/职称		总会计
	所在单位	江苏省金坛区××镇人民政府				
	联系电话	1891582××××		E - mail		81077××××@qq. com

一、项目简介

　　我国在 2000 年已迈入老龄化国家的行列，在应对人口老龄化与完善社会养老体系的过程中，养老产业逐步兴起，焕发出勃勃生机。机构养老作为社会养老体系的重要组成部分，愈发受到国家和社会的重视。同时，如何使养老机构合理而又可持续地运营发展成为许多经营者的难题。

　　本项目通过理论研究以及模型构造，对养老机构进行评估和全方位的测定。我们将会针对医疗护理、收费标准、设施建设、房屋规划等方面进行剖析。以此为养老机构提供咨询、规划、代理运营、后期维护等工作。本项目的客户主要是现存的养老机构，也可以为有意向创办养老机构的人士提供咨询和规划。我们旨在为养老机构创造更大效益，并为老人提供更好的养老服务。

二、申请理由

　　申请理由包括：项目选题创新性、可行性，项目成员自身条件及优势，项目研究保障条件等。

　　（一）创新性

　　（1）与传统相比：沈阳市标准较高的养老院较少，且普遍存在服务水平与收费不对等的一些问题，我们新型养老院将解决这些问题并在此基础上优化。

　　（2）商业模式：采取 O2O 商业模式，既可以在我们的网站实行线上咨询、消费，也可以到公司实地咨询。

　　（3）新兴点：将公益性与营利性相结合。本公司与志愿者合作，提供养老院志愿服务的信息给志愿者，构建一个养老院志愿服务的交流平台。

（二）可行性（市场及政策）

（1）需求：中国在 2000 年已迈入老龄化国家的行列，老年人的数量大大增加，而家庭养老功能弱化，养老机构日后有更大的市场。

供给：目前，沈阳市的养老机构普遍存在医疗护理、收费标准、娱乐活动、室内装潢等方面的问题；而提供相关服务的公司极少，竞争小。因此，市场广阔。

（2）政策：为积极应对人口老龄化，建立起与人口老龄化进程相适应、与经济社会发展水平相协调的社会养老服务体系，实现党的十七大确立的"老有所养"的战略目标和党的十七届五中全会提出的"优先发展社会养老服务"的要求，制定本规划。

根据《国务院关于加快发展养老服务业的若干意见》精神，为了充分发挥市场在资源配置中的决定性作用和更好地发挥政府作用，逐步使社会力量成为发展养老服务业的主体，现就鼓励民间资本参与养老服务业发展，提出如下意见。

①鼓励民间资本参与居家和社区养老服务

鼓励民间资本在城镇社区举办或运营老年人日间照料中心、老年人活动中心等养老服务设施，为有需求的老年人，特别是高龄、空巢、独居、生活困难的老年人，提供集中就餐、托养、助浴、健康、休闲和上门照护等服务，并协助做好老年人信息登记、身体状况评估等工作。

②鼓励民间资本参与机构养老服务

支持采取股份制、股份合作制、PPP（政府和民间资本合作）等模式建设或发展养老机构。鼓励社会力量举办规模化、连锁化的养老机构，鼓励养老机构跨区联合、资源共享，发展异地互动养老，推动形成一批具有较强竞争力的养老机构。

③支持民间资本参与养老产业发展

鼓励和引导民间资本拓展适合老年人特点的文化娱乐、教育、体育健身、休闲旅游、健康服务、精神慰藉、法律维权等服务，加强残障老年人的专业化服务。

④推进医养融合发展

支持有条件的养老机构内设医疗机构或与医疗卫生机构签订协议，为老年人提供优质便捷的医疗卫生服务。各级卫生计生行政部门要对养老机构设立医务室、护理站等医疗机构给予大力支持，积极提供便利；按规定进行设置审批和执业登记。

⑤完善投融资政策

加大对养老服务业发展的财政资金投入。有条件的地区，可设立专项扶持资金。充分利用支持服务业发展的各类财政资金，探索采取建立产业基金、PPP 等模式，支持发展面向大众的社会化养老服务产业，带动社会资本加大投入。通过中央基建投资等现有资金渠道，对社会急需、项目发展前景好的养老项目予以适当扶持。

⑥落实税费优惠政策

对民办养老机构提供的育养服务免征营业税。养老机构在资产重组过程中涉及的不动产、土地使用权转让，不征收增值税和营业税。

进一步落实国家扶持小微企业相关税收优惠政策，对符合条件的小型微利养老服务企业，按照相关规定给予增值税、营业税、所得税优惠。

⑦加强人才保障

支持职业院校设立养老服务相关专业点，扩大人才培养规模；加快发展养老服务专科本科教育，积极发展养老服务研究生教育，培养老年学、人口与家庭、人口管理、老年医学、中医骨伤、康复、护理、营养、心理和社会工作等方面的专门人才。

（三）项目成员自身条件及优势

冯××：劳动与社会保障专业。从专业性而言，该同学曾获辽宁省政府奖学金，两次校一等奖学金，名列前茅，有着扎实的专业基础，对养老方面的问题有着很深入的研究，曾对

续表

多家养老机构进行深度走访，通过调研得到了大量数据，能为本项目提供了很大助力。从实践能力来看，该同学曾参加过"挑战杯"课外学术作品竞赛以及多次社会实践活动，创新力较强，善于分析问题，其研究成果《论江苏省与辽宁省养老机构发展现状的异同——以连云港市灌云县与大连市中山区等地为例》被学校选用。

顾××：法学专业，原市场营销专业。2014年度营销专业年级第一，"挑战杯""辽宁省人才流失现状及分析"获得省二等奖，在全国"互联网＋创业大赛"中"乐学"App项目获得辽宁省铜奖，参加省级科研立项"企业活动中的伪善治理研究"，荣获两次校一等奖学金，有较多的营销专业知识，并参加过多次销售实践，有很强的沟通与宣传能力。同时具有较强的文字功底，兼顾一些文案工作。

刘××：经济统计学专业。辽宁大学经济学会学术部一员，2014年度统计专业年级第一，有很强的数据分析能力，熟练掌握C语言，vfp程序设计，数控编程，算法设计等知识以及SPSS，MATLAB和Visio软件的操作，参加并通过国家二级计算机考试。有多次诸如"挑战杯"、全国大学生数学建模大赛等学术与创业大赛的参赛经历，多次参加辽宁大学日本经济研究所活动，进行了诸如消费者购买假洋品牌内在动机的调查等实践活动，翻译英文文献，协助老师的科研工作。

邹××：国际政治专业。辽宁大学模拟联合国优秀辩手，对国内外时事有很准确的把握，见解独到，能从宏观的层面对公司的管理与决策提供指导，不仅能把握当前局势，也具有前瞻性思维。对于相关课题的研究十分理性，对其有全面把握的能力。该同学擅长阅读和比较各类文献及创作论文，有极强的外语翻译能力，能为我们的研究提供渠道多样、内容丰富的国内外文献，为我们在此基础上的创新提供可能。

滕××：经济学院保险专业，荣获国家励志奖学金，在管理学、公司运营等课程成绩卓越，为实际的公司管理打下良好的理论基础，该同学曾参加大学生"挑战杯"、大学生创业大赛等大型赛事，完成论文《东北老工业转型》以及研究性报告《东北GDP经济振兴原因分析》，积累了丰富的经验。同时，该同学是各级学生会、多个社团的骨干成员，组织过多次活动，有很强的组织力与领导力。作为队长，能有效地保证团队的凝聚力。

三、项目研究实施方案（实施计划、技术路线、人员分工等）

（一）实施计划

（1）查阅文献资料了解我国目前已有的对人口老龄化与养老方面的研究，并将国内外养老机构的运营模式进行对比。通过采访考察的方式进行市场调研，了解沈阳市养老院的大体情况，了解老人的满意程度和其他需求以及当前养老院所存在的部分问题。接着进一步分析公司运营的市场前景，明确公司的客户主体、业务范围和企业文化。

（2）整理分析收集的数据资料，确定公司的业务内容。在业务方面，我们需要完成以下内容：①利用数学模型以及指标体系对客户现状进行评估分析；②考虑每个养老机构的基础设施、管理模式、文化氛围等多方面的因素，制定最优改造方案；③建立模型，为养老机构制定合理的定价标准。

（3）根据公司的预计规模与所需成本，确定公司的组织结构、运营模式、融资方式等。提供多种方案，并请指导老师和专家进行评估修改，使方案达到最优化。

（4）编制财务预算表以及相应的资产负债表和现金流量表。

（5）确定公司的名称和LOGO，成立公司。

（6）完善公司的各项方案。为本公司制定营销宣传方案，推广公司业务，提高公司的知名度。根据公司所需人才，制定相应的招聘方案。对公司未来的发展和目标进行规划，预计公司的未来成果。

（7）项目成果展示。终期总结时通过PPT的形式展示项目的成果，包括项目的各项方案、策划书、活动照片以及撰写的论文等。

续表

（二）技术路线

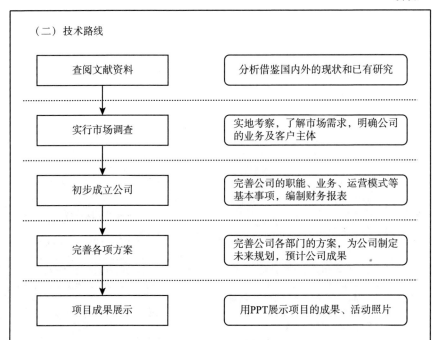

（三）人员分工

（1）文献资料的查询与实地考察：该工作由冯××与滕××负责。由于专业基础扎实，这两位同学对社会保障等方面接触更多并多次参与相关的社会实践活动，对本次项目的研究背景和调研流程更为熟悉。

（2）整理数据资料建立相应模型：该工作由刘××负责。该工作涉及数据分析以及模型建立，需要掌握并熟练运用相关的统计软件，且需要具备一定的数学建模基础，该同学在数据处理和数学建模方面均有一定的经验，较为合适。

（3）公司成立计划的制定：该工作由小组全体成员共同负责。该工作涉及公司的重大决策，需要制定多种方案进行比较抉择，因此需要全体成员从不同角度进行分析，共同制定方案。

（4）找专家评估各个方案：该工作由顾××和邹××负责。在制定了各项方案之后，再请教相应的专家寻求意见，对方案进一步修改。专家的意见使其更具可行性。

（5）财务报表的编制：该工作由滕××和刘××负责。这两位同学学习过会计学原理的课程，在校外导师的指导下共同完成各项财务报表的编制工作。

（6）为公司的未来发展做进一步规划：该工作由顾××和滕××负责。该工作包括营销宣传活动的策划、五年规划、公司预计成果等内容。顾××同学在市场营销方面有丰富的专业知识，积极参加诸多创业大赛和策划大赛。滕××同学在管理学方面有良好的理论基础，因此由这两位同学共同完成。

（7）项目成果展示：该工作由滕××负责。滕××同学在英语辩论、志愿者等方面都有大量经验，故在展示方面能力较强。经过小组成员整理各项成果和活动照片之后，由滕××同学制作 PPT 向大家展示成果。

续表

四、项目特色与创新点

（一）本公司着眼于养老院的规划与提高，发现了未被充分满足的细分市场。该细分市场竞争者较少，且有很大的发展潜力，符合可衡量、可进入的标准

众多较有规模的养老院都是我们潜在的客户。根据实地走访，我们发现，养老院多数为民营、私人所有。就运营养老院的人来说，养老院的利润率不高，经营者常常面临提高价格与降低服务质量的抉择。本公司能够运用专业的知识，帮助他们找到提升利润的关键点，使他们找到更多盈利的渠道，或是在现有盈利渠道上获得更高的利润。通过本公司的规划与咨询，养老院经营者能够削减不必要的开支，能用最小的支出换来顾客最大化的满意。从养老院的老人来看，他们中有很大一部分人对目前的养老院不满意，一定程度上讲，老人的意愿也会促使养老院接受我们的规划。我们在考虑经营者利益的同时也会考虑到老人的利益。为了让老人的生活更加丰富多彩，我们会定期举办文娱活动。

据统计，我国共有各类咨询公司 3 万余家，而真正从事咨询服务业务的仅有 1500 余家，在咨询业中做大品牌的数量更少，我国的咨询业市场还十分不完善，而专门针对养老院改善的咨询公司几乎没有，目前为蓝海领域。

（二）本公司采用 O2O 模式，实现"微咨询"

我们是服务咨询公司，支持线上以及线下的咨询。该模式可以突破地域障碍，帮助客户高效、便捷地获取管理养老院的商业智慧。我们聚合了众多社会保障、商业方面的专业咨询顾问，并为他们搭建以小时为单元的咨询服务平台，帮助他们借助视频会议、电话会议等手段，快速响应客户需求。

（三）盈利方式多样

我们的咨询分为不同的种类提供给顾客，具体有：

A 套餐：机构评估；

B 套餐：机构评估 + 专业规划；

C 套餐：机构评估 + 专业规划 + 代理运营；

D 套餐：机构评估 + 专业规划（ + 代理运营） + 后期维护监测。

这种分层的咨询服务能满足不同需求顾客，通过后期维护等一系列跟进的服务，我们希望形成顾客忠诚，形成一种稳定的服务关系。

本公司的盈利方式并不局限于咨询。当我们与养老院形成良好的关系时，我们会售卖自己的产品，诸如老年保健品、体检卡等，拓宽本公司的盈利渠道。

（四）专业化，定制化

现存的多数咨询公司存在以下问题：收集信息手段落后，主要停留在上门调查、电话访问、表格统计等传统的方法；收集信息的准确率不高、时效性不强，很难为企业提供系统、准确、及时的决策信息。大多数咨询公司业务素质不高，对收集的信息缺乏加工，原封不动地提供给企业。

我们的团队将在长期大量调研的基础上建立分析模型，形成一套独特的评价体系以及专业的解决方案，使每一套方案都是高度个性化的，是根据对象的需求量身定制的。

我们的产品将以系统性的咨询报告、数据分析模型等汇报呈现，所提供的是实实在在的解决方案，而不是单纯的"普世化"管理思想和管理技术。

（五）将商业性与营利性统一

同时我们也是志愿者服务的信息发布与交流平台。我们会与各大学的志愿者社团以及社会上的志愿者团体合作。我们为他们提供志愿服务的机会，并给予他们一定的证书和奖励，而我们也会获得更多的服务人员与劳动力。定期的探望也会让老人更加开心与满意。

五、项目进度安排

进度安排即项目研究周期内每个时间段的工作计划。

（一）前期准备阶段（2015 年 10~12 月）

通过查阅文献资料和实地考察的方式对国内外养老机构的研究有一定了解，了解养老机构、老人以及人们未来养老的需求；对项目前景进行分析预测，进行更准确的市场定位，确定公司业务。

（二）中期实施阶段（2016 年 1~3 月）

针对项目进行详细设计并成立公司。制定相应的组织结构、运营模式、业务范围、融资方式，确定公司的名称、LOGO 等，初步对公司进行模拟运营。

（三）阶段性总结（2016 年 4 月）

对公司的模拟运营进行评估。对前期、中期的信息进行全面的收集、整理，对于前期工作的经验进行总结。收集意见，总结试运营阶段项目存在的问题，不断完善项目及管理，并写出报告、论文。

（四）完善实施阶段（2016 年 5~9 月）

针对前一阶段总结出的问题及时进行改正。完善公司的各项方案。为本公司制定营销宣传方案、招聘方案等，为公司知名度的提升和人才的吸引与培养等提供保障。对公司未来的发展和目标进行规划，并预计公司的未来成果。

（五）终期总结（2016 年 10 月）

将所有的数据全面检查、整理。整合项目的各项成果（计划书、论文、活动照片等），制作 PPT 进行成果展示。

六、项目完成预期成果

预期成果主要有：论文级别、专利、设计、产品、服务；创业实践项目需说明公司规模、营业额等。

（一）论文级别

为了验证该项目完成预期成果，我们预计将该项目的创意、设计及其指导性意义在论文中详细阐述，争取发表为核心刊物论文。

当代大学生参加这样的创业计划项目，主要是让自己充分发挥创造性思维，并能够将其运用于现实生活中。通过计划、组织、分析、调研、反馈，不断证明项目的可行性与发展潜力。最终，可以通过论文和强有力的实践成果，呈现一个能够被认可的创业方案。

中期阶段性论文：2016 年 3 月前完成一至两篇 5000 字以上的论文。

终期论文：2016 年 9 月前完成两篇 8000 字以上的论文。

（二）设计创意

（1）从背景来看：目前养老机构发展趋势缓慢，运营过程中存在着各种问题。现实社会中，民办养老机构的运营问题尤为突出，存在着收费高而服务质量无法与缴费对等等一系列问题。这一系列的问题急需解决，仅仅依靠机构经营者大多无法对问题有着实质性的认识和解决。鉴于这样的背景，我们有了创办养老咨询规划公司的创意。

（2）从商业模式来看：采取 O2O 商业模式，既可以在我们的网站实行线上咨询、消费，也可以到公司实地咨询。

（3）从盈利手段来看：我们先通过理论研究，考量养老机构运营的各方面因素，建立评估模型，对养老机构的状况进行测评。根据测评结果，我们再为养老机构进行规划，为经营者提供策划方案，或者可以代理运营一个周期。与此同时，我们也可以为养老机构进行后期维护与检测。我们主要从上述的评估、规划、代理运营、后期维护这四个过程中盈利。

（4）从经营理念来看：将公益性与营利性相结合。养老机构是带有一定社会性质的机构，致力于解决国内养老问题。本公司将会与志愿者以及社会工作人员合作，提供养老机构的服务信息给志愿者和社工人员，在盈利的同时，又可以推动社会公益事业的发展。

（三）产品

本公司根据实际情况为客户提供以下四种套餐。

续表

A 套餐：机构评估。

该套餐主要针对仅仅想了解养老机构运营出现的问题及其原因的客户设计。我们将通过公司的专业知识以及相关模型对养老机构进行评估和测定，最终为客户提供相关的数据分析以及最终结果，以便经营者发现问题并及时解决。

B 套餐：机构评估 + 专业规划。

该套餐在分析问题的基础上，又提出了解决方案，主要针对现实中对养老方面专业知识和机构运营知识缺乏的经营者而言。经营者往往知道问题所在，但因为利润等诸多方面因素的影响，以至于无法做出正确的改善措施。本公司将会针对不同养老机构的实际情况，运用经济学等知识，在不影响盈利的情况下，针对医疗护理、员工配备等具体问题提供改善措施，做出具有实践性的规划报告。

C 套餐：机构评估 + 专业规划 + 代理运营。

该套餐主要是想通过对养老机构的代理运营，让经营者熟悉合理的运营规则和运营方法。通过一个周期的代理运营，让经营者看到机构改变的同时，也让他们对我们公司的产品服务进行认可。在此过程中，我们会收取一定的代理运营费。

D 套餐：机构评估 + 专业规划 + 代理运营 + 后期维护监测。

该套餐是我们公司针对养老机构比较完善的产品服务。不仅对于存在问题的养老机构，对于未出现问题的养老机构也具有很强的可行性。该套餐亮点在于后期的维护监测方面，我们可以与很大一批养老机构建立联系，培养长期合作关系，适时适度地针对养老机构出现的问题进行解决。后期的维护监测使养老机构的稳定运营更加有保障。

（四）服务

（1）本公司将与志愿者和社会工作者合作，向他们提供养老机构服务信息，为养老机构创造更多的公益性服务。

（2）在我们的网站上有着详细的公司信息以及产品服务的相关信息，客户可以从网络上进行了解，可以通过网络或电话方式咨询和预约服务。

（3）养老机构提出咨询评估等一系列业务时，我们的工作人员会热情接待并详细解答。需要产品服务时，我们将会派出专业团队进行解决。

（4）形成完善的顾客服务反馈系统，及时改进服务质量，如完善顾客投诉机制、定期进行顾客满意度调查表。

（2）大学生创新实践能力的培养中要学会在教学内容选择上"留白"，主要是在教学内容的选择与设置上如何给大学生的创新实践留有足够的"空白"，既体现其创新实践能力，又不会使其"无从下手"；注重创新"空白"与实践"空白"的衔接，打开从"课堂"到"社会"的通道。

（3）大学生课内外实践教学模式主要有团队式实践模式和个人式实践模式，教学方式可选择常规式实践能力教学方式和应急式实践能力教学方式，能力培养主要是日常经济活动中的实践能力和突发事件时处理危机能力。

（4）真实经济现象推演实践可有效提高大学生的创新实践能力，主要有经济理论视角下的经济活动发展推演研究；经济问题视角下的经济活动发展推演研究，将深入研究理论与现实间的差异，从而提高经济学类大学生预判经济发展的实践能力。

（5）模拟真实经济活动中竞争者对抗演练可提高大学生团队合作能力及处理危机的能力，主要包括大学生在行业内、行业间竞争者在模拟环境中的角色体验，对事件的发展做出研究及决策。

构建中国未来创意阶层（CFCC）项目：理论、方法与案例

李伟民

自 20 世纪"两个剑桥之争"开始，新剑桥学派就试图构造统一的哲学基础、方法论和理论体系，以建构一种能解释现实世界、区别于均衡主流经济学的可替代经济学范式。辽宁大学经济学院从 2013 年 5 月开始立项应用经济学国际化创新创业人才培养改革，组建以林木西教授为首席专家、李伟民博士为负责人的项目团队，发起中国未来创意阶层（CFCC）项目。在过去近 10 年中，中国未来创意阶层（CFCC）项目团队按照"学分课程 + 学科竞赛 + 学术会议 + 实习实践"四位一体的国际化创新创业人才培养体系，取得了系列建设成果。

一、问题的提出

当今人类正在经历继第一次工业革命——蒸汽技术革命、第二次工业革命——电力技术革命、第三次工业革命——计算机及信息技术革命以来的第四次工业革命——科技革命，第四次工业革命利用信息化技术促进产业变革，改变了人们的生活方式和思维方式，也促使了新兴经济学范式的崛起。与前三次工业革命不同，对于第四次工业革命来讲，中国既是亲历者，更是不可或缺的重要参与者和领航者。西方主流经济学

范式伴随前三次科技革命，主导了经济学界近 300 年，当前在面对西方主流经济学范式对现实世界逐渐失去解释力的时候，我们需要抓住机会，建构有中国话语权的经济学范式。

当前中国实施"大众创业、万众创新"的双创战略，在中国广袤的土地上掀起"大众创业""草根创业"的浪潮，形成"万众创新""人人创新"的新态势，这为中国在第四次工业革命浪潮下建构有中国特殊的经济学范式提供了现实情境和制度保证，同时也给从事经济学学科的高等教育提出了新的课题，就是如何在第四次工业革命——科技革命深入发展的情景下培养具备国际化视野的应用经济学创新创业才？

在这一背景下，辽宁大学经济学院从 2013 年 5 月开始立项应用经济学国际化创新创业人才培养改革，组建以林木西教授为首席专家、李伟民博士为负责人的项目团队，发起中国未来创意阶层（China future creative class）项目，拟解决以下三个问题。

（1）拟解决经济学专业教育与创新创业教育相互融合问题。

（2）拟解决西方主流经济学不能培养解释中国现实、解决中国现实问题的应用经济学人才。

（3）拟培养具备全球视野又具备爱国情怀的复合型人才问题。

二、理论基础

（一）创意阶层相关理论

美国学者理查德·佛罗里达（Richard Florida，2010）在其所著的《创意阶层的崛起》（*The rise of creative class*）一书中首次提出创意阶层（creative class）概念。其认为，创意经济时代，美国的社会阶层构成发生了重大变化。除了劳动者阶层（working class）和服务阶层（service class）以外，一个新的阶层——创意阶层正在悄然兴起。佛罗里达把创意阶层分为"高创造力的核心群体"（super creative core）和"创造性职业从业人员"（creative professionals）两部分。"高创造力的核心群体"（super creative core）包括科学家、大学教授、诗人、小说家、艺术家、演员、设计师、建筑师、编辑、文化人士、咨询公司研究人员以及其他对社会舆论具有影响力的不同行业从业人员；"创造性职业从业人员"（creative professionals）包括高科技、金融、法律及其他各种知识密集型行业的从业人员。创意阶层具备鲜明的个人特征、工作特征、消费特征和地理特征。个人特征主要体现在具有创意和创造力，受教育水平普遍较高以及拥有一些共同的价值观和能力，比如尊重个性、崇尚竞争与实力、喜欢开放与多样的城市社会环境、具有修订规则、发现表面离散事件间内在联系的能力、注重自我价值的实现和自我认同等。工作特征主要以团队形式进行创作，注重工作的价值和弹性，除了关心薪酬以外，还特别重视工作的意义、灵活性和安定性、同事的尊重、技术要求以及企业所在城市的生活条件等其他因素。消费特征主要是崇尚多样性的文化消费和注重参与式体验消费。地理特征主要体现在创意阶层对城市生活条件有较高的要求以及集聚在创意城市。另外，佛罗里达在该书中提出了发展创意经济的"3T"理论（talent，technology and tolerance）和创意阶层评价指标体系。佛罗里达认为美国新经济的发展就是由创意阶层所引领的。

佛罗里达的创意阶层和"3T"理论为中国未来创意阶层（China future creative class）提供了顶层设计和理论基础。

（二）对西方主流经济学的反思和批判

目前西方主流经济学是以新古典经济学为主导的经济学，以一般均衡理论、配置经济学、价格经济学为基础理论，以理性人都是自私的"经济人"假设为理论出发点，以私有制为经济基础，以价格机制为市场的核心机制，以竞争为经济发展的根本动力，以博弈为经济主体的行为方式，以利润最大化为微观经济的最终目标，以 GDP 经济规模最大化为宏观经济的最终目标，以线性非对称思维方式和还原论思维方法为方法论特征，擅长数量分析、在"实证化"的名义下把经济学的实证性与规范性对立起来，是西方主流经济学的基本模式、基本结构与基本功能。线性、抽象性、片面性是西方主流经济学范式的基本特征。

1. 对西方主流经济学的反思

新古典经济学在大学经济学教育体系中处于垄断地位，重要标志是宣扬新古典经济学理论体系，但是以新古典经济学为主导的主流经济学不能预测、解释和解决现实问题，世界各地经济学学者和学生针对"为何主流经济学理论不能预测金融危机"进行反思和辩论。进入 21 世纪以来，世界出现一系列针对"新古典经济学"的经济学教学课程体系改革的国际运动。

一个命名为"后我向思考"经济学的革新运动如火如荼地兴盛起来了，它要求对经济学作根本性的改革。例如，2001 年的剑桥大学公开信强调，"经济学正为对经济现象解释和分析的单一方法所垄断，这种方法的核心在于依赖一种正式模型推理，它被认为是对研究正确的，而相关的证据却并不是'硬条件'，经济学专业的主要杂志、教师以及课程都指向这个方向"，但是，"这种形式分析对理解经济现象的一般适用性却是值得怀疑的。随后美国密苏里州堪萨斯大学发布的"堪萨斯宣言"强调，"受无历史的分析和抽象的形式主义方法论限制的经济理论只能对挑战复杂性的经济行为提供有限的理解。经济学狭隘的分析方法阻碍了它产生真正适用的政策处方的能力，以及与其他社会科学进行富有成效的对话的能力"，因而"所有经济学系应该对经济学教育进行改革，这包括对那种强化我们这种学科的方法假设的反思"。2003 年 3 月发表《哈佛大学人道的和负责的经济学学生组织宣言》；2012 年，哈佛大学新古典经济学家曼昆遭遇 70 位哈佛学生罢课；2014 年 5 月，由42 个学生组织签名，呼吁取消标准课程设置公开信，呼吁教授们不要把注意力放在单一的经济分析方法上，不应该被新古典学派的数量方法统治。经济学课程改革波及越来越多的国家，已经赢得数以千计的经济学家支持。

2. 来自新剑桥学派的批判

新剑桥学派起源于 20 世纪 30 ~ 40 年代，形成于 50 年代，在 60 ~

70 年代"两个剑桥之争"时达到巅峰，经过近 100 年的发展，新剑桥学派逐渐成为西方非主流经济学不可或缺又极具影响力的经济学学派。在新剑桥学派的发展过程中，大概可以分为三个阶段和三代学者。20 世纪 50～70 年代为第一代新剑桥学派，领军人物包括在剑桥大学任教的斯拉法、琼·罗宾逊、卡恩、卡尔多等。20 世纪 70～90 年代为第二代新剑桥学派，代表人物包括剑桥大学的帕西内蒂（Luigi Pasinetti）和哈考特（Geoff Harcourt）等。20 世纪 90 年代至今是第三代新剑桥学派，代表人物包括剑桥大学的霍尔特（Holt R R F）、阿瑞斯特斯（Philip Arestis）、麦康比（John McCombie）和托尼·劳森（Tony Lawson）等。

第一代新剑桥学派领军人物斯拉法在 20 世纪 20 年代就对当时的主流经济学马歇尔新古典经济学进行批判，批判马歇尔的"局部均衡理论"，反对新古典经济学将古典经济学与边际主义经济学进行综合。在"两个剑桥之争"时，琼·罗宾逊、卡尔多等反对美国以萨缪尔森为首的新古典综合学派主张将凯恩斯经济学与马歇尔经济学进行综合，批判新古典综合学派为"冒牌凯恩斯主义"。第二代新剑桥学派学者先后在英国创立了《剑桥经济学杂志》、在美国创立《后凯恩斯经济学杂志》，并组建后凯恩斯非主流经济学学会，继续对主流经济学进行反思和批判。

第三代新剑桥学派代表人物霍奇逊（Geoffrey M. Hodgson，2007）教授在《演化与制度》（*Evolution and Institutions*）一书中指出，马歇尔的《经济学原理》（*Principles of Economics*）于 1890 年出版后的 100 多年间，经济学作为一门学科已呈现出急剧狭窄化和形式化。20 世纪最后 30 年，这门学科遭受了数学形式主义者的曲解，他们不去把握和解释真实的经济结构和经济过程，而是潜心于建立方程。那些已经或即将延续一个世纪的权威期刊，如《美国经济评论》《经济学杂志》《政治经济学杂志》《经济学季刊》等，展示了这种变化。20 世纪 20 年代以前，90% 以上的文章用的是文字描述。到了 90 年代初，代数、积分和计量经济学在这些权威期刊发表的文章中已超过了 90%。新剑桥学派另一名核心成员，剑桥大学经济系教授托尼·劳森（Tony Lawson）批判主流经济学数学形式化，严重脱离现实，对现实缺乏足够的解释力，主张经济学应该回到凯恩斯传统，用哲学分析经济学。

总之，新剑桥学派在批判西方主流经济学的过程中，试图构造统一的哲学基础、方法论和理论体系，以建构一种能解释现实世界、区别于均衡主流经济学的可替代经济学范式。

三、实践方法

辽宁大学经济学院奠基人宋则行教授毕业于剑桥大学三一学院，并获得剑桥大学经济学博士学位，博士导师为第一代新剑桥学派领军人物斯拉法和琼·罗宾逊。辽宁大学经济学院，反对照搬西方主流经济学范式，批判将数学建模作为经济学唯一研究方法，结合中国"大众创业、万众创新"的现实情境，按照"古为今用""洋为中用"和"学以致用"的原则，发起中国未来创意阶层（CFCC）项目，探索培养具备国际视野并能够解释中国现实、解决中国现实问题的应用经济学创新创业人才。

（一）构建"四位一体"的国际化人才培养模式

为了融合经济学专业教育与创新创业教育，解决西方主流经济学不能培养解释中国现实、解决中国现实问题的应用经济学人才，培养具备全球视野又具备爱国情怀的复合型人才的问题，中国未来创意阶层（CFCC）项目组构建了"学分课程＋学科竞赛＋学术会议＋学习实践"四位一体的国际化创新创业人才培养模式，如图1所示。

1. 学分课程

开设"创新创业经济学""创意创新创业""创新创业经济学国际专题""创意创新创业国际专题"课程，主要讲授剑桥学派、新剑桥学派、演化经济学、复杂经济学、行为经济学、实验经济学和数字经济等专题课程。

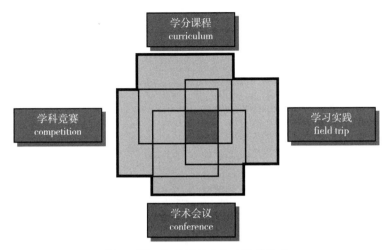

图1 国际化创新创业人才培养体系

2. 学科竞赛

发起 CFCC 智慧经济创新创业竞赛（区域赛—全国赛—国际赛），设立学术论文、金融创意、股票投资、期货实践、跨境电商、商务英语以及量化投资七项分赛。

3. 学术会议

发起"创新创业经济学剑桥论坛""创意创新创业硅谷论坛""智慧经济国际高峰论坛"等国际学术会议，选拔和培养学生参加会议并宣读学术论文。

4. 学习实践

在剑桥大学建立大学生海外实践教育基地，组织学生到实践基地进行实地调研、人物访谈和数据收集等田野调查，撰写调研报告和学术论文等。

（二）实施方法

为了执行"学分课程＋学科竞赛＋学术会议＋学习实践"四位一体的国际化创新创业人才培养模式，中国未来创意阶层（CFCC）项目组实施"理论＋实践"的教学模式、教学相长的互动式教学方法、"开放式"国际化办学手段和"共享型"人才培养策略。

1. 实施"理论 + 实践"的教学模式

在理论课程方面,加强中国特色政治经济学、后凯恩斯经济学、演化经济学、复杂经济学、行为经济学、实验经济学等专题教学。在实践方面,以建设智慧经济省级虚拟仿真实验教学示范中心和海外实践教学基地为契机,进一步完善实践教学体系建设。

2. 坚持教学相长的互动式教学方法

一方面,在课堂教学中采用案例分析、小组讨论、角色扮演、头脑风暴和小组演讲等教学方式;另一方面,在学生成绩考核方式中加入自我评价、学术日记、交流分享等环节,把知识传授、能力培养和素质提高融为一体。

3. 坚持"开放式"国际化办学手段

一是继续资助本科生到国外长期和短期学习;二是优化课程体系使之进一步与国际接轨;三是资助更多的教师出国学习,邀请更多的国外知名教授参与课堂教学。

4. 实施"共享型"人才培养策略

一是建立应用经济学教学联盟,引进名校教师参与联盟内高校教学活动,选拔联盟内高校学生赴海外名校学习,联盟内实现课程共享、学分公认;二是实施人才公开募股(IPO)模式,培养学生赴世界一流高校学习和世界名企工作,通过优秀毕业生链接名校、名师和名企资源;三是整合应用经济学企业资源,建立应用经济学校企联盟,通过智慧经济竞赛,选拔优秀选手到校企联盟实习和就业。

四、建设成果

中国未来创意阶层(CFCC)项目,按照"学分课程 + 学科竞赛 + 学术会议 + 学习实践"四位一体的国际化创新创业人才培养模式,实施"理论 + 实践"的教学模式、教学相长的互动式教学方法、"开放式"

国际化办学手段和"共享型"人才培养策略，探索中国未来创意阶层（CFCC）人才培养体系，取得系列建设成果。

（一）平台建设

为培养中国未来创意阶层（CFCC），开展国际化创新创业人才科学研究，2013 年 3 月成立辽宁大学创意中国研究中心，2015 年 10 月更名为辽宁大学 CFCC 创新创业研究院，该研究院为辽宁大学校级人文社科研究院。

为培养既懂信息技术又懂经济管理的复合型人才，2013 年 5 月辽宁大学经济学院联合信息学院成立辽宁大学智慧经济虚拟仿真实训中心。2013 年 10 月，中心获批为辽宁省虚拟仿真实验教学示范中心。

2017 年 10 月，辽宁大学经济学院在剑桥大学圣约翰创新中心建立辽宁大学 CFCC 剑桥实践教育基地。2018 年实践基地获批为当年辽宁省唯一大学生海外实践教育基地，也是辽宁大学目前唯一的海外大学生实践教育基地。

（二）团队建设

中国未来创意阶层（CFCC）项目团队以林木西教授为首席专家，李伟民教授为项目负责人，校内团队包括潘宏、魏博文、赵薇、贾占华、谢思、李雯、高亮、沈秋彤 8 名核心成员。国际团队包括剑桥大学土地经济系 Pete Tyler 教授、剑桥大学商学院 Shahzad Ansari 教授、剑桥大学可替代金融研究院 Raghavendra Rau 教授、剑桥大学商学院 Giorgio Caselli 研究员、剑桥大学圣约翰创新中心 David Gill 主任、剑桥科技基金会 Alan Barrell 教授、斯坦福大学 Chuck Eesley 教授、南加州大学法学院 Donald Scotton 教授、安格利亚鲁斯金大学金融系谢颖教授，以及利物浦大学吴树斌教授 10 名核心成员。

（三）学分课程建设

中国未来创意阶层（CFCC）项目开设的"创新创业经济学""创

新创业经济学国际专题"课程获批省级一流本科课程,"创意创新创业"课程作为首批虚拟仿真实验课程在国家智慧教育公共服务平台上线。自 2014 年 7 月以来,3000 余名学生选修了"创新创业经济学""创意创新创业"国内专题课程,先后选拔了 20 批共 725 名学生赴哈佛大学、剑桥大学和斯坦福大学学习"创新创业经济学""创意创新创业"国际专题理论课程。

中国未来创意阶层(CFCC)项目聘请了 50 余名来自剑桥大学等世界顶尖高校的教授学者参与国际专题课程教学,分别讲授国际经济学专题(international economics)、行为金融专题(behavior finance)、博弈论专题(game theory)、实验经济学专题(experimental economics)、金融危机与银行信贷专题(financial crisis and bank lending)、专利出口专题(patent and export)、创新与创业专题(innovation and entrepreneurship)、金融科技专题(fintech)、经济法专题(business law)、传媒经济学专题(media economics)、设计思维专题(design thinking)、创业管理专题(entrepreneur management)、大数据专题(big data)、艺术与诗歌专题(art and poetry)、戏剧教育专题(drama education)、管理与领导力专题(management and leadership)、剑桥生物科学专题(cambridge bioscience)和文化冲突与情感专题(culture conflict sensitivity)等国际专题课程。

(四)学科竞赛建设

2015 年,中国未来创意阶层(CFCC)项目依托辽宁大学智慧经济实训中心,利用国际先进的仿真虚拟交易系统,发起 CFCC 智慧经济创新创业竞赛(区域赛—全国赛—国际赛),设立学术论文、金融创意、股票投资、期货实践、跨境电商、商务英语、量化投资七项分赛。区域赛由辽宁省教育厅、辽宁省财政厅主办,全国赛由 CFCC 智慧经济教学联盟主办,国际赛由辽宁大学 CFCC 剑桥实践教育基地主办。

目前已连续举办八届 CFCC 智慧经济创新创业竞赛(区域赛—全国赛—国际赛),全球包括剑桥大学、北京大学、中国人民大学等 50 所高校近6万名大学生参加比赛。通过智慧经济创新创业竞赛，探索了应用经济学人才培养模式改革与创新，加强了对大学生创新意识和团队协作精神的培养，提升了学生的实践能力和综合素质，为更多的优秀人才脱颖而出创造了条件。

（五）学术会议建设

自2017年起每年在英国剑桥和辽宁沈阳举办"辽宁—剑桥创新创业经济学论坛"，至今已连续举办六届。在六届论坛上，来自剑桥和辽宁的上百位师生参加了论坛，并分享自己的学术观点，碰撞出创新思想的火花。

2017年10月，首届剑桥—辽大创新创业经济学论坛在剑桥大学圣约翰学院举行，三一学院院长Winter Greg爵士、休斯学院院长Anotony Freeling教授、土地经济系Pete Tyler教授、剑桥CWA主席Alan Barrell教授，辽宁大学周菲教授、林木西教授、谢地教授、姜蕾教授、李伟民博士等出席论坛。辽宁大学选派35名学生在分论坛上发言。

2018年7月，第二届剑桥—辽大创新创业经济学论坛在剑桥大学Murray Edwards College举行，辽宁大学选派35名师生到剑桥参加论坛并发言。

2019年2月，第三届剑桥—辽大创新创业经济学论坛在剑桥大学休斯学院举行，辽宁大学选派40名师生到剑桥大学参加论坛并宣读学术论文。

2020年7月，第四届辽宁—剑桥创新创业经济学论坛在辽宁沈阳举行，剑桥大学教师代表、沈抚示范区领导、辽宁大学师生代表在线上交流。

2021年10月，第五届辽宁—剑桥创新创业经济学论坛在辽宁沈阳举行，辽宁大学副校长史保东、剑桥大学教授Pete Tyler、剑桥大学圣约翰创新中心主任David Gill、剑桥CWA主席Alan Barrell等出席论坛并发言，10名辽宁大学学生代表在论坛发言。

2022年5月27日、28日，第六届辽宁—剑桥创新创业经济学论坛在辽宁沈阳成功举办。辽宁大学校长潘一山教授在辽大会场致辞，辽宁大学副校长霍春辉教授出席开幕式，剑桥大学 Shahzad Ansari 教授、辽宁大学姚树洁教授和剑桥大学 Raghavendra Rau 教授分别做主题报告，剑桥大学和辽宁大学经济学院部分师生代表做专题报告和论文分享。

（六）学习实践建设

2017 年 7 月，中国未来创意阶层（CFCC）发起智慧经济教学联盟（东北），联盟成员由辽宁大学、黑龙江大学、吉林大学等 30 所海内外高校应用经济学科带头人、经济管理课程主讲教师、智慧经济大学生创新创业竞赛优秀指导教师代表组成。联盟一致决定共同开设"创新创业经济学"和"创意创新创业"专题课程、共同开展智慧经济创新创业竞赛、共同举办创新创业经济学国际学术会议和智慧经济国际高峰论坛等，逐步实现联盟共建、学分互认、课程互选和资源共享互通。

2017 年 10 月，辽宁大学经济学院在剑桥大学圣约翰中心建立"辽大剑桥 CFCC 海外实践教育基地"，并获批为 2018 年辽宁省大学生海外实践教育基地。聘任剑桥大学 Pete Tyler 教授为辽宁大学经济学院客座教授，并签订《城市经济与区域创新》。聘任剑桥科技基金会主席 Alan Barrell 教授担任实践基地中心主任，并签订《中国未来金融》国际合作课题研究协议。选派 400 余名学生赴剑桥海外实践基地短期学习，并高质量完成了国际调研报告和国际学术论文。

（七）创新创业孵化与转化建设

剑桥大学作为一所世界一流大学，积极倡导学术界和商界之间的交流，并在推动创新发展方面享誉全球。许多创业公司以剑桥大学为背景，直接或间接地搭载该大学蓬勃发展的企业生态系统，尤其是在科学、技术、人力、财力和其他资源方面，结合企业经验和企业家敏锐的商业头脑，发展为世界上重要的科技公司。1960 年以来，随着全球范围颇具影响力的公司爆炸式增长，生物科学、医学和技术的不断创新（这种现象被外界称为"剑桥现象"）。经过 60 余年的发展，剑桥地区已成长为欧洲最大的科技产业集群。

中国未来创意阶层（CFCC）项目负责人李伟民教授在剑桥大学访学期间，关注剑桥大学国际产学研合作模式，发起 CFCC 剑桥中国项目，引进剑桥国际资源，并推动其在国内落地，使之发展成为中英高新科技项目的"孵化器""加速器"和成果对接转化的平台、高端项目落地的载体，以此构建高水平国际化创新生态体系，服务于地方经济社会发展。

五、结语

"路漫漫其修远兮，吾将上下而求索"。中国未来创意阶层（CFCC）项目团队将面对新形势、新任务和新要求，按照特色发展、内涵建设、应用性、国际化的定位，坚持"古为今用、洋为中用、学以致用"的原则，立足于东北（辽宁）经济社会发展，与世界一流大学和世界一流学者合作，培养具备国际视野的应用经济学创新创业人才，努力把辽宁大学应用经济学科建成为世界一流学科，为推动东北地区等老工业基地全面振兴、东北地区扩大对外开放和促进东北亚区域合作做出更大贡献。

大学生竞赛跨学科专创融合指导平台

潘　宏　孙维择　王雨婷

大学生竞赛跨学科专创融合指导平台项目研究以大学生面临的实际问题为基础，通过数字思维模式创新，解决原有大学生参赛组队困难、团队结构单一、缺乏教师指导等固有问题，从而实现专创融合，提升大学生参赛团队整体实力，更好地服务于新文科、新工科教学方向调整。

一、项目研究意义及国内外现状分析

（一）项目研究意义

1. 研究背景

2015 年国务院发布《国务院关于大力推进大众创业万众创新若干政策措施的意见》，强调"推进大众创业、万众创新，是培育和催生经济社会发展新动力的必然选择；是扩大就业、实现富民之道的根本举措；是激发全社会创新潜能和创业活力的有效途径"，我国的创新创业教育得到了蓬勃发展。同年，国务院办公厅发布《国务院办公厅关于深化高等学校创新创业教育改革的实施意见》明确提出"要把深化高校创新创业教育改革作为推进高等教育综合改革的突破口，要将创新创业结合专业"。国家陆续出台了许多支持大学生创新创业的教育政策及相关扶持政策，支持大学生积极参与创新创业，同时强调创新创业要与自身专业学科相结合，实现专创融合。

广大有意愿参加各类竞赛的大学生有着需要提供寻找符合个人及队伍要求参赛学生的服务的需求。各大高校仍旧存在很多大学生的比赛信息不对称以及组队难的问题，大部分学生都会在本学院本专业找队友组队，团队成员专业背景相似，不能很好地组建跨学科、多专业背景的综合性团队，从而难以实现参赛资源高效匹配，导致参赛学生并不能完全在比赛中发挥自己的全部实力。因此需要研究如何能够帮助学生找到具有不同专业背景、不同学科特长的同学组建创新创业团队，使每个微观团队都能够实现专创融合的目的，更加快速地提升团队综合实力，通过大赛能够形成更多高质量的创业项目。

2. 研究意义

（1）打造创新平台，助力产学研一体化。以高校学生为服务对象，提供一个创业想法的讨论平台。大家可以在平台内完善创业想法、寻找志同道合的创业伙伴、与资深专业的指导教师交流思想。由产业界、高校和科研院所组成科研联合体，制作优质小程序和 App，产学研一体化助力大家实现创业梦想，为创业浪潮增添活力。

（2）聚焦社会需求，紧随互联网发展态势。近十年来，互联网用户规模不断扩大、普及率不断提高，互联网应用领域不断拓展，网络服务模式已占据信息、教育、文娱服务的半壁江山。利用互联网进行学习提升和生活优化是全社会共同的需求，线上服务具有极大的发展潜力。从高校角度来说，在线上平台进行交易和信息的发布搜寻远比线下方便迅捷；线上获取竞赛相关信息可以互联网为依托，通过小程序搭建的校园服务提供平台，将形成一个完整成熟的架构生态。

基于现在的大学校园环境——大学生积极参加各种不同种类的竞赛，提高大学生在比赛过程中的组队效率是十分重要的。很多具有潜力和能力的大学生由于找不到合适的导师和队友导致其并不能在比赛中发挥自己最佳的水平。因此，研究目的在于为广大有意愿参加各类竞赛的大学生提供各种有水平、有意义的比赛内容，并提供所需的符合个人及队伍要求的参赛学生和导师资源。围绕大学生比赛找队友及同校讨论平台，着力解决大学生比赛信息不对称与找队友难的问题，从而实现参赛资源高效匹配，最大限度保障比赛公平，真正达到凭借比赛选拔人才的目的。逐渐发展成服务于在校和毕业大学生的互联网生态系统。我们会开设各类课程与分享会，供大家学习最新知识；并设有"金点子"讨论平台，鼓励大家分享自己的经验与想法。同时将比赛与就业相结合，与企业合作设置比赛，定向选拔人才，解决部分大学生就业问题与企业寻找人才的问题。另外，引入论文查重、论文排版、校园周边文创产品等，打造围绕大学生学习生活的一体化平台。

（二）国内平台现状分析

目前国内有全国大学生比赛信息网、我爱竞赛网、去大赛网、赛氪网等平台提供大学生竞赛信息，各有特点，但在帮助参赛学生找队友和提供报名服务等方面存在不足。

全国大学生比赛信息网是一个为全国大学生免费提供各类比赛信息，帮助其交流学习的平台。但此平台无法直接报名，缺乏讨论模式，也很难帮助参赛学生在各大高校找到合适的队友。

我爱竞赛网致力于服务全国大学生、社会赛事爱好者，每天分享各类比赛信息、比赛经验、志愿者信息、青年实践等，是全国会员量领先的赛事信息服务平台。截至目前，此网站拥有全国 2000 多所合作高校资源、各高校共 10000 多名校园大使、全国各类赛事交流群 20000 多个、各类会员逾 900 万人。成立以来，与团中央、各级政府单位、阿里巴巴、百度、联想集团、苏学、华为等机构及企业合作，共同主办或协办了多个国内知名赛事，成为赛事活动领域明星平台。但我爱竞赛网也很难帮助参赛者在各大高校找到合适的队友。

去大赛网是一家关注推广国内大学生竞赛信息的网站，致力于大学生竞赛信息的快速推广，使更多的大学生能通过多种渠道获取竞赛信息，丰富大学生的大学生活，但是去大赛网很难找到其他学习资源，更无法直接报名。

赛氪网是一个网聚精英大学生的赛事圈子，能够推荐精华资讯，精选能为大学生未来成长带来帮助的高质量文章，针对资讯文章，交流讨论，找到志同道合的伙伴；为高校的赛事提供免费报名工具和一站式服务，为学生参赛和竞赛的推广提供便利，进而形成基于赛事的社交圈，邀请好友组队参赛，共同成长。但是参赛学生想要借助赛氪网找到合适的队友较为困难，也不能通过此平台找到合适的指导教师。

与类似平台的比较来看，"大学生竞赛跨学科专创融合指导平台"具有差异化竞争优势，能够更好地帮助大学生解决参加创新创业大赛的跨学科组队和专业教师指导等问题。同时设有专门公众号，定期更新比赛信息，更符合大学生的实际需求。

二、大学生竞赛组队存在的主要问题

由于每一个大赛给大学生的准备时间并不是十分充裕，对于每一名参赛选手来说，选择了合适的队友和导师相当于成功了一半。因此，虽然大学生在参加比赛的过程中会面临许多学术方面的难题，但是最重要也是最能决定今后整个比赛进程、作品质量的则是大学生的竞赛组队过程。根据本次课题研究的问卷调查，大学生组队通常发生在两端：学生端、教师端。首先，在学生端方面，对于已有团队来说，存在着不能十分快捷高效地找到具有不同专业技能的队友、无法在短时间内迅速了解新加入队友的工作完成能力以及所具有的特长，由于无法即时进行线下团队沟通这一客观因素，导致团队合作进展缓慢、效率低下等问题；对于希望参加比赛的个人来说，存在无法快速寻找到优质且能够发挥自己专长的项目、在寻求加入队伍时往往处于劣势地位等问题。在教师端方面，存在着无法获取指导教师的联络途径、不清楚每位指导教师各自擅长的领域，从而导致对指导教师能为团队带来何种指导意义和价值感到模糊，很难获得关于指导教师的信息等问题；同时，相当一部分教师希望能够主动帮助并支持同学们进行创新创业并参加相关比赛，但很少有机会能够主动寻找到学生的项目，以至于没有机会主动选择与自己专业领域相关的优质创新创业项目并为之提供指导与帮助。

经过调研发现，大学生参加竞赛时，在组队方面存在很多不确定因素，而且无法以个人力量进行全方面信息的收集、归纳和筛选。因此大学生竞赛组队的核心问题在于能否建立一个更加快捷的信息收集网，或者选择一个更加智能化、人性化的信息收集平台。

三、大学生竞赛跨学科专创融合指导平台的内容及目标

（一）教改内容

教改的具体内容主要是让大学生除了完成在大学期间正常的课业之外，积极响应国家、学校的号召，参与各类不同规模的比赛，并通过大学生竞赛跨学科专创融合指导平台——"赛易搜"来找到合适的队友。该项目主要是为有意向参加各级别学科类及综合类竞赛的在读大学生，以及为需要各种比赛经验或者寻求比赛队友的用户提供服务。

同时，该项目还会引进高校教师匹配指导机制。很多大学生参加竞赛很难找到合适的指导教师，这里的难点包括两个方面：第一，不知道什么样的教师适合指导他们的项目；第二，不知道怎样与指导教师取得联系。这时候，就需要这个平台作为桥梁。

（二）教改目标

该项目的目标主要是通过跨学科组队参加创新创业等比赛，发挥辽宁大学综合性大学的优势，提升参赛队伍竞争力，从而促进学生自主学习，培养复合型创新人才。本项目将以强有力的新媒体宣传以及与外界合作拓展市场，准确定位本产品，突出产品特色，采取多种营销策略。

以为对比赛有热情的在校大学生提供小程序和公众号的服务为重点，建立大范围覆盖面的用户来源渠道，不断拓宽其影响区域。该项目旨在为广大有意愿参加各类竞赛的大学生，希望通过参与比赛不断提升自身能力的大学生群体提供各种有水平、有意义的比赛内容，并为有比赛需求的大学生提供寻找符合个人及队伍要求的参赛学生的服务，解决大学生的比赛信息不对称以及组队难的问题，实现参赛资源高效匹配。实现跨学科合作，让更多的参赛团队成员结构更为合理，既有懂技术的学生，也有懂营销的学生；既有懂设计的学生，也有懂管理的学生，还有懂财务的学生，让更多的学科学生都参与到创新创业中，真正形成小公司的雏形。

四、大学生竞赛跨学科专创融合指导平台项目解决的关键问题

大学生竞赛跨学科专创融合指导平台面向广大有意愿参加各类竞赛的大学生，旨在为希望通过参与比赛不断提升自身能力的大学生群体提供各种有水平、有意义的比赛内容，并为有比赛需求的大学生提供寻找符合个人及队伍要求的参赛学生的服务，解决大学生的比赛信息不对称以及组队难的问题，实现参赛资源高效匹配。

本项目旨在构建服务在校大学生的比赛需求小程序和 App，打造高校学生必备的比赛一体化平台。在项目实施过程中，我们已经拥有了自己的小程序和公众号，包含赛事发布、找队友、比赛咨询、一元论文查重等服务。我们也积极通过朋友圈、发传单、线上线下讲座相结合的形式对我们的项目进行了宣传，为小程序和公众号积累了一定的客户群体。

本项目意在为广大想要提升个人能力、增长阅历和经验的大学生提供一个方便快捷的赛事一体化平台，同时能辅助学校组织学生参加各类竞赛。

五、教改项目的创新点、实施方案及流程

（一）项目创新点

本项目面向广大有意愿参加各类竞赛的大学生，具有便捷性、及时性、独创性的特点，浅析用户行为，开辟新兴应用场景。本项目有很多国民经济管理专业同学参与，由于专业的优势，国管专业优秀学生同时具备对国家政策的敏感性和对团队的管理能力，也更容易从学生角度直接了解需求并不断完善项目内容，带动更多同学参与到创新创业中。

1. 项目具有便捷性、及时性、独创性

便捷性：采用小程序和微信公众号，在操作使用的便捷程度上，相比网站和网页，更加符合大学生的快捷上网习惯，具有高效便捷的特点。及时性：赛易搜公众号会及时更新关于各项比赛的最新信息，更适应现代大学生第一时间获取信息的需求，在相似产品竞争中具有明显优势。独创性：目前，在整个应用商场还没有与本团队项目宗旨相同的小程序和应用软件，但在一些教育类小程序中会存在倡导学生积极组队、参与竞赛的模块。在网站方面，现有许多有关提供丰富比赛资讯的网站，但大多数只提供了直接报名通道而没有组队功能，因此在同类竞品的比较中，赛易搜主要提供组队服务具有差异化竞争优势。

2. 项目以数字技术为支撑

浅析用户行为，开辟新兴应用场景，应用大数据来分析用户行为，即通过解析用户黏性、用户访问活跃度以及用户产出等不同行为指标进一步深度挖掘数据价值、添加数据标准，从点击频次等多维深度还原用户动态使用场景和用户体验，再通过对用户行为监测获取的数据进行分析，可以更加详细、清楚地了解用户的行为习惯，还可以找出产品功能、网站、推广渠道等各个业务线中存在的问题，让产品业务线更加精准、有效，提高转化率，同时可以将用户行为数据应用到拉新、转化、

促活、存留、变现等场景，开辟新应用领域。

3. 打造"预先"（Pre）大学概念

高中生刚刚毕业还尚未进入大学之时，对大学生活充满了向往，也充满了未知。因此我们将在 8 月，针对即将升学的高中生开办讲座，主要内容就是这部分学生最关注的大学生活与大学学习，通过线上讲座的形式来介绍生活上的注意事项，分享学习与比赛经验。在此基础上，我们将邀请优秀的学长学姐与毕业生对其大学的经历和学习、生活方面的心得，与刚刚步入大学校园的同学进行分享，同时邀请专业的教师为大家在专业课上进行启蒙指导。同时，我们会邀请专业教师开办讲座，针对时代前沿科技与大家进行分享讨论。我们还会售卖一些对大学生未来学习生活都有用处的课程。针对还未完全步入大学生活的学生们进行重点宣传，通过相关活动以及介绍，使其对我们的平台有信任感，增加平台的权威性与用户黏性。这样可以提高用户的信赖，当未来出现任何比赛相关的问题时，他们也会第一时间想到我们。

4. 实现平台信息集成功能

通过平台及时发布各类重要比赛信息，同时在赛前开办各类比赛相应的分享讲座，在赛后收集优秀作品比赛资料，搭建讨论平台，供大家讨论分享自己的观点；搭建比赛找队友平台，供同学们更便捷地跨专业、跨地区寻找合适的比赛队友，同时搭建指导教师平台，帮助比赛团队跨专业乃至跨校寻找优秀指导教师对自己的项目进行指导。旨在为希望通过参与比赛不断提升自身能力的大学生群体提供各种有水平、有意义的比赛内容，克服比赛信息不对称，为有比赛需求的大学生提供寻找符合个人及队伍要求的参赛学生的服务，解决大学生的比赛信息不对称以及组队难的问题，实现参赛资源高效匹配。

本项目从就业从业教育模式到创新创业教育模式的转变，以创新引领创业、以创业带动就业，产生了令人欣喜的"破壁效应"，实现了多学科交叉融合，在一定程度上实现了新时期大学生素质教育的新突破，把创新创业教育融入素质教育各环节、人才培养全过程，提高大学生创新创业整体水平，推动人才培养模式改革创新。

（二）项目实施方案

本项目平台使用微信公众号"赛易搜"进行推广，公众号的使用流程如下。

1. 关于注册

进入公众号之前先要进行注册。注册时需要填写真实姓名、所在高校、所在专业以及学号。用户名自动为大学首字母缩写加学号，便于查找区分不同学校队友并共同组队参赛。推送比赛时会根据注册时填写的高校及专业自动推送学生可以参加的比赛。

2. 完成账号注册后，在界面输入用户名和密码即可登录，登录之后即可按需求使用赛易搜公众号。公众号界面主要分为四个模块：比赛推送模块、消息模块、讨论模块以及个人信息模块。

3. 关于查找比赛信息

在公众号首页界面上方滚动推送近期、含金量高且参赛人员覆盖面广的比赛，可节约用户寻找和选择比赛的时间。

点击"大学学习"板块，随后会出现比赛列表，列表里按时间顺序由近到远发布学生可以参加的比赛的信息。学生可以凭借个人发展方向及个人喜好参加各种比赛，界面内显示比赛通知、赛方公布内容与注意事项等比赛须知内容。选择自己有意向参加的比赛后，点击进入"队伍列表"。可以选择自己当组长或当组员，若没有找到合适的队伍组队，也可以自己进行队伍创建。

4. 关于比赛组队

创建队伍需要填写队伍名称、队长联系电话、队伍所需人数、队长所在学校、设置允许加入队伍的年级和学院，以及队伍的简短介绍，并按要求填写组内各成员的必要个人信息，同时可以通过必填信息对想要寻找的组员进行第一步筛选。

寻找队伍需要填写个人必要信息，也可以同时填写对组长必要信息的要求以对队伍进行初步筛选。（为防止个人信息泄露，填写的必要信息只包括年级成绩排名、比赛获奖经历等比赛相关信息，不包括任何个人隐私相关信息）队长通过必要信息筛选之后可以选择邀请组队，同理，队员可以申请加入队伍，双方同意后二人自动加为好友。当双方同意人数达到比赛人数上限时，自动停止队伍在队员界面显示。若并未组队成功，组长需要重新使用组队功能，防止人数过多超过上限导致资源浪费。同理，双方同意后组员也将停止在组长的界面显示，若组队失败需重新填写必要信息。必要信息填写一次后即可保存，可以节省第二次填写的时间。

（三）项目实施流程

由于本项研究是为了给广大参赛学生的组队和信息收集提供便利，因此本研究将紧密围绕研究目的进行展开。其中，核心问题在于信息收集和信息传输两个方面。信息收集主要是针对信息质量和有效性进行要求，因此对于信息的来源需要进行斟酌、考虑，尽可能保证信息的真实、准确和全面；而信息传输的关键则是对于平台技术方面的要求，通过信息传输平台的研发和后续维护来确保平台的平稳运行。在信息传输方面，则通过"赛易搜"平台的建立来实现，就是为了实现信息的展示。

在信息收集方面，为保证平台信息的有效性和高质性，对项目成员进行筛选，选择具有丰富的创新创业项目指导经验的指导教师，其中包括国家级创新创业导师，省级创新创业大赛优秀指导教师。在技术方面，本项目的研发已经具有一定基础，依托辽宁大学信息学院教师和学生团队为此项目提供技术支持，同时还有辽宁大学数字经济研究院以及辽宁大学百度超级链实践基地作为支持，共同为平台的平稳推进提供保障。

六、通过教改项目取得的成果和效果

（一）教改项目取得的成果

通过调研发现，71.93%的大学生对各类科研创业等比赛感兴趣，其中超 1/3 的大学生对比赛表现出极为浓厚的兴趣，可见比赛类服务的受众数量较高，比赛类服务行业市场需求较为广阔，服务对象需求多元，具备较大的发展潜力与拓展空间。其中，10% 的受访者通过"赛易搜"了解相关比赛讯息，这说明"赛易搜"已经积累一定用户，具备一定的用户数量并且用户体验较佳，利于各类比赛的通告宣传，同时帮助学生第一时间获得一手的比赛消息。另外，当下学生仍主要依靠信息发布了解比赛信息，而赛易搜则能够协助信息传递。存在信息不清、资料缺乏、组队困难、经验不足等问题的学生数量均超过 60%，说明比赛过程中学生存在较多共性问题，亟待解决，而赛易搜则通过集中资源合理调配的形式解决用户的相应痛点，在互联互通中提高效率。同时近 70% 受访者也表现出对分享赛事信息和比赛经验等功能的小程序或 App 浓厚的兴趣与强烈的使用意愿，另外，近 30% 的学生态度相对可变，可以成为平台服务对象。并且近 90% 的受访者都并不了解也没有使用过除"赛易搜"以外的专业比赛小程序或 App，即市场基本处于相对空白状态，但需求却较为强烈。相比于其他的同类平台，了解"赛易搜"公众号和小程序的受访者数量占比高达 62.72%，可见同学使用频率较高。另外，受访者也为"赛易搜"的改进提供宝贵建议，能够说明受众对赛易搜项目的乐观与积极的愿景，本项目也会实现相应的改进工作，从而更好地实现专创融合。综上所述，尤其对于在校大学生来说，无论是就业还是选择继续进行学术深造，高校和企业都看中学生个人的创新和专业能力，拥有丰富的比赛经历可以为个人发展前景带来很多加分，因此项目具有现实意义。

平台联系了数十位愿意无偿为同学进行宣讲的老师和优秀学生，并尝试性地进行了线上线下的讲座。讲座类型包括"pre 大学""比赛经验分享""保研考研经验分享""大数据与人工智能"等方向，累计共组织了十余次讲座，共吸引数千人参与。有了讲座成功举办的经验，我们进而开发公众号与组队小程序，成功吸引千人注册，成功组队百对人员。团队研发的"赛易搜"在研发的过程中特别注意了以上这些容易被忽视的问题：首先，在团队小程序的主界面上会循环滚动推送近期、含金量高且参赛人员覆盖面广的比赛，在用户频繁点击某种比赛后，我们将通过大数据后台计算，根据个人喜好推送更多适宜用户本身的相关比赛；其次，团队的工作重点在于全国范围内小程序的推广，团队将通过网络推广和线下推广相结合的方式，线下通过联系高校进行校内宣传，在校内进行免费试用等方式，将小程序的推广范围最大化。针对信息泄露问题，团队填写的必要信息只包括年级成绩排名、比赛获奖经历等比赛相关信息，不包括任何个人隐私相关信息，如照片、语音等，这些细节上对客户的保护都可以保障小程序用户个人隐私安全性；由于各大竞赛网站获奖信息的公开性，在获奖信息核实方面，我们采取后台审核认证的方式，精准到每个用户的每项荣誉，保证用户提交的信息能够真实反映自身水平。

项目还进一步开发了论文查重、论文排版、校园周边、校园圈子等板块，在各个方向努力尝试为同学们提供全方位一体化的服务，力图覆盖整个大学生群体，力争成为大学生活必备软件。

本项目首先从辽宁大学经济学院开始试点，通过辅导员老师和班委在各班级群内进行宣传，让有意愿参与比赛的同学到平台上注册；其次在信息学院和数学院开展推广宣传，逐步在全校范围内宣传，吸引跨学科学生应用此平台。目前我们后台统计的小程序，公众号数据已达到1300以上，还在继续增长当中，主办的腾讯会议讲座每场都能达到200人以上，制作比赛学习相关视频，收集资料；发布相关内容文章20篇以上，吸引辽宁省内数所高校超3000学生关注。

后续经过推广和使用，该平台将汇集各学院优秀的学生，为更多的学生服务，并在此基础上，在辽宁省乃至东北地区推广使用。

（二）教改项目的成效分析

通过本次建设项目，巩固和强化"赛易搜"平台的优势和特色，力争达到省内领先水平。以辽宁大学学生目前对于竞赛的需求为标准，大幅提高竞赛信息的高质性和有效性，同时提升本次参与项目研发团队的创新能力和人才培养水平，为全国范围内大学同类学科的发展起到示范作用。平台将按照高起点、高效率、高质量的标准进行建设，开发综合性、设计性实验，进一步创新并在实践中形成可持续发展的开放实验运行机制和管理模式，将该平台打造成能够培养学生创新精神和创新能力、提高学生信息利用能力的实验教学平台，使该平台真正成为培育应用型、创新型人才的摇篮。

（1）队伍建设：通过应用经济学建设，聚集稳定一批高水平的专业人才和学术带头人，建立一支学术思想活跃、学科知识广、科技攻关能力强、专业知识精通、年龄结构合理的高层次学术队伍。

（2）校企联合：加强与企业的合作，实现强强联合、优势互补，在企业为平台提供数字技术的同时，利用大赛获奖者的名单为企业进行人才引进，为企业的发展壮大提供有力的人才方面的可持续发展支持。

（3）整合资源：最大限度整合最优资源，提升针对各类竞赛信息整合和人员信息的智能匹配等相关核心竞争力，将平台打造成集示范性、综合性、创新性为一体的专创融合平台。

七、进一步推进教改项目的建议

本项目试点实验的顺利进行，充分证明了该项目在未来的可行性和高效性。由于初步试点的实验受众人数呈现递增趋势，因此项目将会在后续通过定投等方式进行进一步推广，力图会集各学院优秀的学生和指导教师，使更多的学生受益，可以推广到辽宁省乃至东北地区。同时，考虑到进行项目计划第三步"推广"的实施，还需要结合下阶段推广地区的特点和此次"试点范围"的特点进行比较性分析，制订不同计划并对总体项目进程进行微调。

参考文献

[1] 国务院：《国务院关于大力推进大众创业万众创新若干政策措施的意见》，2015 年 6 月 16 日。

［2］国务院办公厅：《国务院办公厅关于深化高等学校创新创业教育改革的实施意见》，2015 年 5 月 13 日。

［3］王占仁：《中国创新创业教育史》，社会科学文化出版社 2016 年版。

［4］陈寿灿、严毛新：《创业教育与专业教育融合的大商科创业型人才培养》，载《中国高教研究》2017 年第 8 期，第 96～100 页。

［5］戴栗军、颜建勇、洪晓畅：《知识生产视阈下高校专业教育与创业教育融合路径研究》，载《高等工程教育研究》2018 年第 3 期，第 147～152 页。

［6］宋华明、刘泽文：《大学生创业教育与专业教育耦合研究》，载《江苏高教》2017 年第 2 期，第 88～91 页。

［7］成伟：《从背离到融合：大学生创业教育与专业教育关系的创新》，载《教育发展研究》2018 年第 38 卷第 11 期，第 80～84 页。

［8］汪伟：《协同创新与创新人才培养模式改革研究》，载《黑龙江高教研究》2015 年第 7 期，第 47～49 页。

［9］陈翠荣：《大学创新教育实施困境的博弈分析》，载《中国高教研究》2014 年第 7 期，第 81～84 页。

［10］徐志强：《高校创业型人才培养的双螺旋模式》，载《教育发展研究》2015 年第 5 期，第 30～34 页。

［11］祝智庭、孙妍妍：《创客教育：信息技术使能的创新教育实践》，载《中国电化教育》2015 年第 1 期，第 14～21 页。

沉浸式生态系统下创新创业教育
融入课程教学的研究

——以"管理学"为例

何 地

一、研究背景

在建设创新型国家、实施"大众创业、万众创新"等战略背景下，深化大学生创新创业教育改革，培养输送更多创新创业人才已成为各高校教育发展的新趋势、新要求和新使命。国务院办公厅发布的《国务院办公厅关于深化高等学校创新创业教育改革的实施意见》明确提出，要把深化高校创新创业教育改革作为推进高等教育综合改革的突破口，树立先进的创新创业教育理念，面向全体、分类施教、结合专业、强化实践，促进学生全面发展，把创新创业教育贯穿人才培养全过程。高校要培养应用型人才，就需要始终坚持教育创新，实现教学课程的优化改革。传统的"管理学"课程注重向学生传授社会企业管理工作需要的知识技能，大多围绕管理职能展开。高校即使在课堂教学中融入创新意识或通过构建不同情境来创新学生的管理意识，提升学生的管理能力，也没有将创新创业作为重点来开展管理学课程教学。因此，如何将创新创业教育融入专业课程教学，是一个重要的研究课题。

本文引入沉浸式生态系统框架，突出以学生为中心，建立"理论教学+科普活动+科研训练+科技竞赛"的"管理学"课程教学体系，对于提高大学生创新创业能力具有重要理论和实践意义。沉浸式生态系统框架是坚持学生中心理念，以提升学生创新创业实践能力为导向，以融合课题教学、实践训练和创业竞赛为主线，以整合多方资源、协调多部门合作作为支撑，是未来创新创业教育发展的趋势，将更好地指导和推进高校创新创业人才培养融入课程教学改革与实践，并最终实现课程教学与项目孵化、学生实践能力提升相统一促进教学与人才的培养目标，具有良好的应用前景。

二、国内外研究综述

（一）大学生创新创业教育生态系统

2005 年美国麻省理工学院教授凯瑟琳·邓恩（Katharine Dunn）首次提出"创业生态系统（entrepreneurship ecosystem）"的概念，通过对麻省理工学院创业活动的研究，提出创业组织的形成得益于学校和校外机构的协同合作。创业生态系统是一个由创业知识流的创新和传承贯穿的，包含教育课程、学校、外部机构、学生、教师、社会创业环境等一系列创业活动主体及要素良性循环互动形成的一个自组织的、动态的、相互依存的有机整体（费志勇，2020；丁邦平和胡军，2005）。美国斯坦福大学、德国慕尼黑工业大学、以色列理工学院、以色列特拉维夫大学、查尔姆斯理工学院以及麻省理工学院等高校都建立了创业教育生态系统，形成了包括师资力量、课程体系、支持机构、企业、政府等的生态系统运行模式，为国内高校探索创业教育模式改革提供了良好的发展模板（郗海霞和赵蓓，2022；吴云勇和陈亮，2020；李琳璐，2020）。当前，国内学者主要侧重在创业教育微观层面的研究，主要包括创业项目选择、创业项目管理、创业平台治理、创业教育师资队伍建设等方面，而面向创业教育生态系统整体研究不多。施广东（2022）指出，教学体系建设是创新创业生态系统构建的核心问题和实施系统，高校应当在创新创业教育的课程设计、人才培养模式设置以及实践平台建设上精准发力。贾建锋等（2021）通过美国、英国、日本的案例研究对高校创新创业生态系统的构建进行了全面分析，并提出提升我国高校创新创业生态系统构建的相关建议：第一，革新创新创业教育观念，营造创业校园文化；第二，关注创新创业教育内容，构建多元知识平台；第三，加强理论与现实的结合，形成特色实践平台；第四，区域内整体联动，平台上多方协作。

（二）沉浸理论

美国心理学家米哈伊·西卡森特米哈伊（Mihalyi Csikszentmihalyi）教授于1975年提出沉浸理论，认为沉浸是个体完全投入某项活动或某件事情的主观体验，个体在这种状态下注意力高度集中，工作、学习效率高且身心愉悦、信心十足。沉浸体验的六大要素：（1）意识与行动高度融合，即全身心的投入会促使活动中的各种行为动作自然而放松。（2）注意力高度集中，即在参与活动的过程中，因高度投入而无暇顾及其他事情，参与的效果会大大增强。（3）自我意识的短暂消失。参与活动的个体会因为高度专注，以至于意识似乎暂时不存在。（4）对活动有一种自我掌控感，即在参与活动的学习、交流、实践等每个环节，个体都能自我掌控。（5）活动要有明确的目标及清晰的反馈。活动部分大小、时间部分长短都要有明确的目标导向，活动的效果要有内在的和外部的反馈。（6）自我满足属性，即参加活动不管有没有奖励和激励要素，自我要有主观参与的动力，并在参与过程中实现自我满足，要充分认识到活动本身就是最大的奖励和激励。近年来，沉浸理论被逐步应用于高校教育教学实践中，如美国明尼苏达汉语"沉浸式"教学模式探索、加拿大渥太华"沉浸式"双语教育模式探索，以及虚拟技术、虚伪与现实（VR）技术、5G技术等与沉浸式课堂教学相结合的案例（梁德惠，2014；袁平华，2011）。国内部分研究者开始关注沉浸理论在创业教育改革中的应用，构建了从知识学习、信息交流、虚拟体验、创业实战等多层次出发的创新创业教育模式。

（三）创新创业教育融入"管理学"课程教学的相关研究与实践

目前，很多高校将创新创业教育融入"管理学"课程教学中，也有学者进行了一定的研究与探索。从当前研究来看，普遍认为"管理学"存在着师生互动少、理论内容讲得多、实践能力弱、传统考核方式单一等问题，创新创业教育融入"管理学"课程教学具有极高的可行性和契合度（余国华和胡青青等，2019）。并且，研究者和相关实践主要从创新创业教育融入"管理学"课程内容、考核方式改革、教学方法改进等方面进行了探索。例如，王丽丽和卢小君（2018）认为，在"管理学"实践教学中，围绕商业计划书的制定开展创新创业教育的团队学习模式具有很强的适用性和功效性，既可以实现专业教育的要求，又能够达到创新创业教育的目标。刘洪章（2022）认为，创新创业教育下的"管理学"课程改革需要从四个方面改进，具体包括：启用引导教学模式，改变师生地位；引入校企合作，调整理论与实践教育课时占比；创新改革校企合作模式，破除各项现实因素限制；遵从差异化教学理念，丰富跨学科资源。但是，还需在以下三个方面进行填补完善：第一，增加以学生为中心、增强学生参与体验的教学理念在课堂教学中的应用；第二，在"教学＋实践"的基础上进一步扩充训练、竞赛等内容；第三，增强信息化手段对课程教学的支持。

因此，本文提出沉浸式生态系统框架，该框架是坚持以学生为中心，以提高大学生创新创业意识、创业精神、创业能力为目标导向，连接课堂、考核、训练、实践、竞赛、科研等创新创业教育参与要素，并在这些创新创业教育要素的协同作用下通过共建、共享、共赢形成的动态循环有机体系。

三、"管理学"课程主体内容

(一) 课程内容

"管理学"是一门研究管理过程的基本规律、基本原理和一般方法的课程，主要内容包括管理理论的历史演变、决策与决策过程、环境分析与理性决策、决策的实施与调整、组织设计、人员配备、组织文化、领导的一般理论、激励、沟通、控制的类型与过程、控制的方法与技术、风险控制与危机管理、创新原理以及组织创新。

(二) 教学效果

在教学中，本课程坚持以学生的发展为中心，突出理论学习和实践应用相结合，根据知识点设置更加丰富、接轨实际的具体案例，重点培养学生解决问题的能力，为学生今后在管理科学的领域中进一步深入学习和研究提供有章可循的路径和必备的基础；培养从管理的角度观察、分析和思考问题的习惯，锻炼和提高在实际生活中发现问题、分析问题和解决问题的基本能力；在掌握基本概念、基本理论的基础上能够结合实例灵活运用，关注中国企业的成长与发展。综上所述，管理学是一门综合性、趣味性、专业性与实践性相结合的课程，在教学过程中，学生们表现出浓厚的兴趣，自主参与程度很高，反馈效果好。

四、沉浸式生态系统框架下创新创业教育融入"管理学"课程教学目标

基于沉浸式生态系统框架下的创新创业教育融入"管理学"课程教学研究，旨在形成"理论教学＋科普活动＋科研训练＋科技竞赛"

的四维教学体系，如图 1 所示。

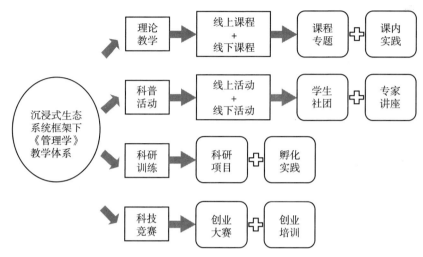

图 1 沉浸式生态系统框架下"管理学"教学体系

资料来源：笔者整理绘制。

课程改革目标体现在以下五个方面。

（1）理论教学方面。在理论教学方面形成递进式体系化培养模式：推进创新创业教育深度融合专业教育教学，推动教师在专业日常教学中自觉融入创新创业教育的理念与思想，通过实践活动考核等多种形式，将创新创业教育深度融入专业教育教学计划和考评体系。采取启发式、交流式、互动式等实体课堂教学方式结合云课堂、云班课等虚拟课堂教学，最大限度提升学生的主动参与、高度关注、倾情投入的效果。

（2）科普活动方面。针对不同年级，依托学生社团等组织开展"创意活动、科普活动、科创活动"等全过程、递进式精品实践活动，打造科普知识竞赛、创业知识擂台赛等科普品牌活动。搭建以讲座、论坛、项目路演、项目展示等活动为载体，增加学生参与互动和创业模拟活动。

（3）科研训练方面。依托创新创业学院，指导学生参加各类创新创业大赛，通过"全过程服务、基地化实践、个性化指导、课题融合、多元化展示"的管理与服务模式，搭建特色的科研训练平台与深度科研训练基本体系。

（4）科技竞赛方面。倡导"竞中学"理念，强化竞赛指导与训练，构建"课程化培训—基地化实训—项目化运作—团队引领"大学生科技竞赛育人模式。建立全方位的导师指导体系，包括管理导师、专业导师和创业导师三部分。推动课堂实践项目与课外实践相结合，申报创业竞赛，形成递进式培育模式。

（5）创业实践方面。搭建以讲座、论坛、项目路演、项目展示等活动为载体，增加学生参与互动和创业模拟。通过辽宁省就业和人才服务中心等校外平台帮助学生联系创新创业活动机会，切身体会创新创业实践。

五、沉浸式生态系统下创新创业教育融入"管理学"课程改革

（一）课程内容改革

第一，增加创新创业知识和创业计划书撰写与创业项目汇报两个教学单元。结合"双创"背景，积极鼓励学生参加创新创业大赛，帮助学生提升创业申报书拟写、创业项目运营等实际能力，通过组织经验分享、模拟竞赛等方式，让学生切实体验参加创新创业大赛流程，针对如何立项、如何项目论述、如何解决创业中难题等实际环节和问题，培养学生团队协作和自主学习能力，激发创新创业的学习兴趣和积极性。明确任务名称、主要知识点和教学要求，突出管理技能指导创新创业这一主线，围绕创业项目选择、新企业创办与管理，实现创新创业教育与"管理学"课程教学全方位、多角度的融合。

第二，增加课内实践环节，模拟竞赛等方式。结合课程教学中关于组织、领导、控制三个篇章的学习内容，从模拟创建公司、人员招聘与面试、情景化领导教学与公司危机管理等方面建立课内实践项目，让学生切实体验参加创新创业大赛流程，针对如何立项、如何项目论述、如何解决创业中难题等实际环节和问题，培养学生团队协作和自主学习能力，激发创新创业的学习兴趣和积极性。

第三，以实践项目建设促进管理学基础课程学习。通过实践项目建设案例库，一方面，丰富案例学习素材；另一方面，在案例资料库的建设过程中，既可以不断加深学生对于专业的理解以及新知识的补充，同时相关成果也将支撑和促进专业建设。

（二）教学方式改革

第一，以沉浸式教育为基础，重视学生的深度参与，提升课程学习的自我掌控和友好体验。为此，充分发挥"互联网＋"的优势，结合线上线下混改的金课，以及国家级、省级精品课，打造内容质量高、教学效果好的"管理学"MOOC、微课等在线课程。

第二，从授课方式来看，采取线上线下相结合，增加线下翻转课堂教学模式，在教学过程中依托项目驱动教学、团队任务分配、开展知识竞赛等方式，灵活运用情景模拟、案例分析、小组讨论等教学手段，增强学生学习的主动性和趣味性，使学生全程深度参与课程学习，并通过自我掌控增加学生学习过程的友好体验，提高学习效率。

第三，从成绩评价来看，改革学生课程成绩评价模式，突出对学生解决问题能力、动手能力的考察，重视学生实践能力、创新意识和创新能力的培养，继续推动形成性考核方式，进一步增加实践成绩占比。在平时成绩设置中，通过项目现场汇报、创业项目评比等形式进行量化考核。

（三）课外实践改革

第一，搭建产教融合的创业教育训练实践载体。一方面，以学生专业社团为载体搭建学生创业训练平台，社团建设以突出学生为中心、坚持能力导向，面向应用实践，重点激发学生创业意识和精神，着力提高自主学习、团队协作、沟通表达、专业研究、项目管理、服务社会的能力等，以丰富社团形式为切入点，提高学生参与创新创业活动的投入程度。另一方面，依托辽宁大学文化科技园的孵化转化主体功能，建设校内创客空间，学习成熟的众创空间运行模式，建设创客苗圃，增加大学生创业项目路演、创新创业成果推介等活动。

第二，聘请企业管理者、政府相关部门人员、创业大赛评审专家、自主创业成功校友等专家、管理者进行线上、线下讲座和培训。组织学生到企业参观，了解企业运作流程。另外，打造双师型教师队伍。通过对专任课程教师的专项培训，促进专任课程教师掌握课堂教学、案例教学、创业竞赛教学等教学方法及模式。同时，加强课程专任教师深入企业开展交流学习活动，为教师和学生创造更多的企业实习机会，促进课题学习和实践学习相结合，提高对管理学知识的全面认知和深入掌握。

第三，指导学生参加创业竞赛。从课堂实践项目中选择项目质量高、团队综合能力强的项目参加大创、"互联网＋"创业大赛等创业竞赛。任课老师进行创业项目指导与辅助，通过学生们的共同探讨，从创新创业计划书的撰写到项目的开展，再到项目的结题、答辩，全面指导学生，实现学、练、用的全方位结合与应用。

第四，项目团队参与教师科研课题，课程学习与能力培养互为促进。鼓励课程实践项目团队加入相应科研课题研究中，有利于老师指导创新实践项目以及学生参与老师课题研究。一方面，学生需要利用管理学课程专业知识去组建团队，开展市场分析和项目运营；另一方面，参加创新实践项目和老师科研课题的经历有助于学生消化和巩固管理学课程基础知识，培养个人管理潜质，提高自身综合素质能力。

六、结论

本文引入沉浸式生态系统框架，突出以学生为中心，建立"理论教学＋科普活动＋科研训练＋科技竞赛"的"管理学"教学体系，对于提高大学生创新创业能力具有重要理论和实践意义。沉浸式生态系统框架是坚持以学生为中心理念，以提升学生创新创业实践能力为导向，以融合课题教学、实践训练和创业竞赛为主线，以整合多方资源、协调多部门合作为支撑，是未来创新创业教育发展的趋势，将更好地指导和推进高校创新创业人才培养融入课程教学改革与实践，并最终实现课程教学与项目孵化、学生实践能力提升相统一促进教学与人才的培养目标，具有良好的应用前景。本方案的特色与创新包括：（1）注重交叉学科应用。将心理学、教育学、管理学、生态学等多学科理论与创新创业教育相结合。（2）注重实地调研，掌握第一手资料。一方面，通过对辽宁省内高校进行实地调研，总结相关经验做法；另一方面，通过问卷调研、访谈调研等方式对辽宁大学师生进行调研，了解创新创业教育相关问题，并以辽宁大学经济学院、商学院等为试点，以"国民经济管理学""创新创业经济学""管理学"等课程为试点，进行本科课堂教学模式的改革，融入创新创业教育专题，开展沉浸式线上线下教学。（3）注重理论与实践结合，以赛代练，用实战检验改革效果。一方面，将创新创业教育融入课程评价考核中；另一方面，通过组织学生参加各类大学生创业大赛来完善提出的创新创业教育模式。

参考文献

［1］费志勇：《沉浸式大学生创业教育生态系统构建探究》，载《实验室研究与探索》2020 年第 7 期。

［2］丁邦平、胡军：《建构主义理论与我国基础科学教育改革的若干问题》，载《比较教育研究》2005 年第 7 期。

［3］施广东：《高校创新创业教育生态系统构建的案例研究及启示》，载《中国高等教育》2022 年第 9 期。

［4］郄海霞、赵蓓：《以色列特拉维夫大学创新创业教育生态系统的构成及运行》，载《现代教育管理》2022 年第 3 期。

［5］吴云勇、陈亮：《迈向创业型大学——查尔姆斯理工大学发展之路窥探》，载《清华大学教育研究》2020 年第 4 期。

［6］李琳璐：《斯坦福大学的创新创业教育：系统审视与经验启示》，载《高教探索》2020 年第 3 期。

［7］贾建锋、赵若男、朱珠：《高校创新创业教育生态系统的构建——基于美国、英国、日本高校的多案例研究》，载《管理案例研究与评论》2021 年第 3 期。

［8］梁德惠：《美国汉语沉浸式学校教学模式及课程评述》，载《课程·教材·教法》2014 年第 11 期。

［9］袁平华：《加拿大渥太华大学沉浸式双语教育及其对中国大学英语教学的启示》，载《外语界》2011 年第 4 期。

［10］余国华、胡青青、万丽娟：《创新创业教育融入〈管理学〉课程教学的探究》，载《开封教育学院学报》2019 年第 8 期。

［11］刘洪章：《创新创业教育融入〈管理学〉课程教学改革的实践探索》，载《创新创业理论研究与实践》2022 年第 5 期。

［12］王丽丽、卢小君：《将创新创业教育融入团队学习的教学模式研究——以〈管理学〉实践教学为例》，载《教育现代化》2018 年第 5 期。

"以赛促学"视角下教学模式改革

孙玉阳

当前提高人才培养质量，满足社会对人才需求，已成为全国各个高校和教育主管部门共同关心的问题。教育部印发的《关于加快建设高水平本科教育全面提高人才培养能力的意见》指出，鼓励学生通过参加竞赛活动等获取学分，提升学生的实践能力。"以赛促学"已成为提高人才培养质量的重要方式之一。

一、"以赛促学"教学理念的内涵

"以赛促学"的教学理念是指以本专业领域的学科竞赛为中心开展课堂的教学组织活动（蔡志君，2018）。其学科竞赛应该满足以下条件：一是学科竞赛应该得到国家层面和社会行业层面的双重认可，并且与行业发展紧密相关；二是竞赛的内容应当与专业培养计划中的要求高度契合，以满足培养方案的目标；三是竞赛的评价内容应当满足社会实践评价和教学理论评价的双重标准，具有很好的专业引导性（朱亚凯，2019）。通过学科竞赛方式，一方面巩固和提升学生在课堂上所学的专业知识，培养实践应用能力，同时也提升包括学生的团队协作以及沟通表达等多方面的能力；另一方面有助于培养更多的创新型和复合型人才，提升高等教育质量，满足社会对多层次人才的需求。

二、"以赛促学"教学模式改革的理论基础

(一) 建构主义学习理论

建构主义理论是杜威、维果斯基、皮亚杰等提出的一系列思想主张,成为当今主流的学习体系之一。建构主义认为,学习应该是积极的,学生是学习的主体。教师的灌输方式对知识学习的影响要大于学生的自主建构方式。每个教师都应该把自己的学生当作发展的、有活力的个体,教学是培养学生主体性的创造性活动,在这一过程中,教师不应一味地灌输知识,而要引导学生主动学习,使学生按照自己的能力来学习,在与外界经验和知识的碰撞中重新整合、吸收、再建构成完全属于自己的内容。教学过程不是一对一地传授、传递、接受,而是学生自己对知识、经验进行融合、破碎、再组合和同化的复杂过程(王蕊,2021)。

(二) "做中学" 教育理论

实用主义教育学家杜威认为,"从做中学"即"从活动中学","从体验中学",使学生知识的获取与学生生活中的活动联系起来,让学生们能够从那些真正具有教育意义的活动中学习,从而促进他们的成长和发展。根据"做中学"的教育理论,在活动中学习,有助于认识的深化。与此同时,"做中学"理论提出,教师要为学生创造"做中学"的环境,调动学生的积极性,激发学生的学习兴趣来完成活动;学生要在完成活动的过程中积累学习经验,发现问题,尝试解决问题的方法;教师要放手让学生自己主动去探索,提高学生动手操作、解决问题的能力,增强学生的学习信心,赋予学生更多的权利;教师要放下"包袱",引导学生主动去探究,尽量把课堂交给学生,不要束缚学生的思想,要打开学生的思维。教师在课堂教学中的作用主要是指导与组织,

学生则是活动的主体，教师在给出一定的问题情境之后，由学生选择探究方案，进行小组方案设计，而不是教师指定问题解决步骤和方法（裘锴，2021）。

三、"以赛促学"教学模式改革的可行性分析

（一）紧跟社会需求培养人才

高校肩负着向国家和社会输送人才的重任，高校培养的人才应当满足社会发展的需要。学科竞赛的重要目标之一是引领专业的建设与发展。学科竞赛的内容应当充分反映当前行业发展的最新趋势，以及相关的标准与任务，通过学科竞赛从而加强教师与学生对行业或岗位的认识，进而培养出符合专业要求以及社会需求的高质量人才。

（二）有助于提升教师专业水平

学生参与竞赛的成绩与教师的专业指导、技能水平以及认知范围和程度等各方面均有密切联系，"以赛促学"方式有助于教师在日常教学中，了解本专业或行业最新的发展理念，同时不断提升自身专业技术水平，提高自身综合素质，改进教学方法，丰富教学手段，不断拓宽学生视野，提高学生理论知识与实践应用能力。此外，校内校外教师共同指导，也有助于增强彼此的交流，增加对专业或行业的了解，产生新思想、新理念，从而解决实际问题，反过来进一步提升学生培养的质量。

（三）有利于提高学生学习的积极性

传统的教学方式，学生处于被动式的学习，难以引发学生的学习兴趣，不能激发学生学习的积极性，对专业知识掌握不牢靠。而"以赛促学"方式，为学生明确学习目标，通过案例式或情景式的模拟，有助于引发学生学习兴趣，在完成目标或解决问题过程中，增加对专业知识的

掌握程度以及灵活应用能力，使学生由被动式学习向主动性学习转变，从而提高人才培养的质量与水平。

四、"以赛促学"教学模式改革实施路径

（一）科学编制人才培养方案

人才培养方案是高校专业建设的核心内容，既是学校安排教学任务、组织教学过程、实施质量管理的重要依据，也是人才培养和质量提升的根本保证举措。因此在编制专业培养方案的过程中，以提升学生能力为主线，以学科竞赛为契机，以社会需求为依据，按照基础课、专业课以及实训实践课层层递进的顺序，实现校园与社会无缝衔接，学生零距离就业。在人才培养方案中，每届学生至少举行一次学科竞赛（计入学分），将学生参与的学科竞赛与获得的奖励作为课程考核成绩之一，通过增加实训实践学时的比例，提高学生实践能力，实行理论与实践教学"双轨制"模式，采用教与学、学与练相结合的教学方式，为"以赛促学"的教学模式奠定了基础。

（二）建立新型实训基地

良好的实训基地是提高教学质量的关键和保障，近些年来随着国家对高等教育的重视，对学科的支持力度不断加强，应积极争取建设省级实训教学基地，完成专业的实验（实训）室的建设，引进本专业相关的实验（实训）软件，通过实验（实训）的课程，将课堂上所学的理论知识进行检验，提升学生实践操作能力。同时也要加强校外实训基地的建设，建立起校企长效的合作机制，保障学生在校内外的实训基地之中能够较好地将自己所学的知识付诸实践，进而为实现"以赛促学"的教学模式奠定良好的基础。

（三）加强双师型队伍建设

参赛指导教师是学生参与学科竞赛的重要的保障，为了促进"以赛促学"教学模式在高校的顺利推广，首先应当加强师资队伍建设，打造高质量的指导教师团队。学科竞赛的应用型、创新型、实践性等特点对指导教师提出更高的要求。只有更高水平的指导教师团队，才能更好地发挥"以赛促学"的效果。因此，应当制定一系列优惠政策，大力培养"双师型"教师，一方面，为教师到企业参观学习、调研交流以及挂职锻炼提供良好的环境与条件，同时鼓励教师参与各类赛事交流会以及实践培训会议，提高教师的各项技能以及专业水平；另一方面，从社会上引进具有丰富实践经验以及理论知识水平的人才充实到教师队伍之中，从而提升教师队伍的水平与质量（齐永智和姜奕帆，2013）。

五、"以赛促学"教学模式的保障机制

（一）赛前赛后保障机制

首先，利用校园中的广播电台、学校官方、微信公众号等多种宣传途径发布相关的学科竞赛信息，让更多的学生能够第一时间了解赛事情况并提前做好相关准备。同时利用学生社团等形式邀请历年获奖的学生分享思路与经验。其次，赛后组织参与学生与指导老师进行经验总结，弥补不足，发掘优势，并形成书面文件，以供后续参加比赛的学生学习，并对获奖作品进行宣传，以提升影响力，吸引更多学生参与到学科竞赛中。

（二）过程保障机制

首先，根据人才培养方案内容以及学科竞赛要求，将相关的方法、标准等融入教学内容改革中，并且在课程教学过程中按步骤、分重点地

对相关知识内容进行传授和考评。其次，将课程模块进行分解，使之能与学科竞赛内容相呼应，在教学中进行加强竞赛训练，在模拟中提升教学质量，形成教学与竞赛同步模式。最后，通过组建校内校外指导教师团队，不仅可以加强校内外教师之间的交流，而且能够从不同角度给予学生竞赛指导，使学生在参与竞赛的过程中，不断提升专业综合技能和素质（肖海慧和邓凯，2013）。

（三）奖励保障机制

首先，完善学生奖励办法，针对与专业培养方案中联系密切的课程，实行"以赛代考"模式，将学生在竞赛领域获得的成绩直接与该课程期末成绩挂钩，折算相应的分数。同时对于与专业相关的竞赛，将竞赛成绩与学生的评奖评优挂钩，优先评选在相关专业比赛中获得优秀的学生。此外，对于在全国性比赛取得优异成绩的学生给予一定物质和精神奖励，从而激发学生参与学科竞赛的积极性与热情。其次，完善教师奖励制度。对于指导学生在学科竞赛获奖的指导教师，可以抵消一部分工作量，并给予一定的物质和精神奖励，在相关教师职称晋升、年终考核以及评奖评优过程，在同等条件下优先向竞赛指导老师倾斜，进而激发教师参与学科竞赛指导的积极性。

六、"以赛促学"模式的应用案例

（一）"社会调查实践"课程性质与任务

（1）"社会调查实践"课程的在专业培养方案中的定位。社会调查不仅要回答社会现象"怎么样"与"什么样"的问题，还要解释社会现象，回答"是什么"与"为什么"的问题，即进一步揭示出其原因、本质和规律。社会调查作为国民经济管理的专业课，该课将围绕社会调查研究的原理和步骤，从方法论、研究方式和具体研究方法技术三个层次展开，向学生详细阐述资料的收集、整理、分析的各种方法及其应用。使学生掌握社会调查研究的方法和调查研究报告的撰写方法，学会认识、研究和分析社会。

（2）课程的设计。根据"以赛促学"教学模式，起草和制定课程大纲和教学计划，有效地组织课程教学。对"社会调查实践"课程进行教学设计，树立以课程为主线，以能力为核心，整合各种教学资源，积极有效地促进"社会调查实践"课程教学质量的提高，实现竞赛资源与课程教学资源共享的目标。

（3）课程任务。通过课程的教学，培养学生掌握科学的社会调查分析方法，从而提升学生发现问题、分析问题以及解决问题的能力，也注重培养学生的团队合作意识、创新意识，提高学生职业素质，使学生成为国民经管理方面的应用型人才。

（4）课程设计思路。以"挑战杯"辽宁省大学生课外学术科技作品竞赛为指南，按教学要求归纳学习领域、设计学习情境，进行课程开发。

（二）"以赛促学"教学模式在"社会调查实践"课程的应用

（1）竞赛标准融入人才培养方案中。根据"挑战杯"大学生课外学术科技作品竞赛的要求将有关的专业标准和专业能力要求纳入培养目标，对课程进行设置。在日常教学中加入竞赛内容、结合学生特点，制定符合竞赛需求的课程内容。在教学过程中增加实践内容，满足学生个性化学习需求，让每个学生都能收获知识。将教学实践和技能竞赛有机地结合，达到提高教学效果的目的，培养出更多、更优、更专业，符合企业发展需求的专业人才。

（2）依托技能竞赛，夯实课堂教学。将竞赛的考核内容加入日常教学中，删除过时的知识，融入新的专业知识、更新教学内容。根据技能竞赛考核模块，制定相应课程的课程标准，加大与竞赛相关的教学内容。在教学过程中将学生分组，每个任务由小组合作完成，小组之间以竞赛比拼的方式提高学生学习的积极性，同时学生在团队中工作，提高他们的专业技能。在任务结束后，学生通过现场答辩的方式将任务完成的过程进行讲解，着重说明在任务完成过程中存在的问题以及解决问题的思路和过程。在教学中不仅要借鉴技能大赛的实操演练，也要加入理论知识进行考核，将技能大赛涉及的理论知识整理成理论题建立题库系统，并将理论知识考核作为比赛的一种模式，同时采用知识抢答的方式考验学生对理论知识的掌握情况。为了提高学生的写作和表达能力将根据操作和理论综合要求比较强的技能点要求学生以小型知识讲座的形式展开演讲比拼。

（3）制定课程目标。通过"社会调查实践"课程的学习，使学生掌握社会调查的基本概念、社会调查的方法体系与基本程序、社会调查的设计与组织，提高学生应用社会调查的基本原理和方法，反映或解释我国社会运行过程中的实际问题的基本技能、认识能力和工作水平。

（4）教学实施的要点。一是以学生为中心、以教师为主导、以能力为本位，践行"以赛促学、以赛促教、以赛促改、以赛促创"的实践。二是对关键实操技能，教师按照技能竞赛的相关要求设计任务，准备好备赛资料，为学生提供备赛思路，对重难点进行讲解和示范。学生在训练的过程中，注意团队合作，教师给予适当的指导，要求学生的操作规范性，并要求达到熟练掌握的程度。按照技能竞赛的要求、技能竞赛的比拼方式组织教学。三是对理论性较强的部分，教师结合相关理论题库，组织以客观题为主的理论竞赛以及现场抢答。四是结合学生的平时表现、日常竞赛与期末考试成绩进行综合评定，平时表现包括：出勤情况、课程作业的完成情况和课后作业的完成情况。

（三）"以赛促学"教学模式在"社会调查实践"实施过程

1. 以理论为主的实验过程

（1）理论知识抢答在课程章节知识点结束后，对所学内容的理论知识进行梳理。"理论知识抢答"以小组的形式进行，每组一般有3~4人。在竞赛前一周，教师将相关的比赛要点发给比赛成员，学生利用一周时间进行备赛准备。在竞赛过程中，教师随机抽取题目、读题后宣布抢答开始，学生按下抢答器，速度最快的组开始答题，限时 3 分钟内完成作答，教师根据回答的内容给出小组的分数并给出问题解答的要点。

（2）理论知识竞赛在整门课程内容结束后，以"理论知识竞赛"的形式检验学生对理论知识掌握程度。在课程开始时教师对所教班级开发该课程的题库系统，让学生通过题库系统以习题的方式学习和巩固理论知识点。在课程结束后，教师从题库系统抽取题目，组织成一份理论知识竞赛题，事先设定好竞赛开始时间与结束时间。安排学生在指定的时间内登录在线考试系统，时间到了答题正式开始，在竞赛过程中，可以点击"题号"按钮进行题目的切换；系统界面会提示未完成的题号和剩余的竞赛时间。也可点击"结束"按钮提前结束竞赛作答，到竞赛结束时会自动结束竞赛。竞赛结束后直接显示竞赛成绩。在比赛结束后，教师对课程重要理论知识点进行梳理。

2. 以实操为主的实验过程

（1）课堂竞赛赛前准备。根据教学目的和教学内容，结合相对应的技能竞赛的相关赛题，制定竞赛规则、评分标准，设计课堂竞赛题。抽取 2~3 名学生担任此次课堂竞赛的裁判，并对这 2~3 名同学进行裁判培训，让这些学生了解此次竞赛的考察点，以及评分细则。

（2）课堂竞赛赛前训练。在此环节中，教师向学生介绍竞赛规则，为学生提供学习的资料，组织学生竞赛前的知识学习，在此过程中小组成员之间讨论分析，共同学习，掌握竞赛的考核点，让学生为课堂竞赛做好赛前准备。同时完成知识答辩的演示文稿的制作。

（3）课堂竞赛环节。教师宣布竞赛开始，各个学生按照课堂竞赛的规则完成课堂竞赛赛题。首先每个同学必须完成"基础实训"部分，这一部分由学生独立完成；其次小组成员共同合作完成"团队合作"模块，并按要求和规范提交比赛结果。

（4）考核评价环节。裁判长（教师）和裁判员（学生）按照课堂竞赛的规则和评分标准对提交的比较结果进行评分，并给出竞赛评价意见。

（5）课堂竞赛总结。这一环节学生对自己竞赛完成结果做总结，分享竞赛的心得体会。最终由比赛裁判长（教师）对学生竞赛进行点评，点评各小组的表现，并对竞赛知识点做出总结。

（四）"以赛促学"教学改革取得成效

通过以赛促学的教学改革使学生很好地掌握知识，激发了学生学习的兴趣与积极性，其中表现较为突出的 2018 级国民经济管理专业一名本科生，利用所学知识撰写的参营论文获得好评，最终被武汉大学录取，其毕业论文获得辽宁大学本科毕业论文一等奖，并且由毕业论文形成的小论文也在省级刊物上发表。

参考文献

［1］蔡志君：《市场营销专业"以赛促学，以赛促教，赛课结合"教学模式改革探析》，载《当代教育实践与教学研究》2018 年第 10 期。

［2］朱玉凯：《地方本科高校环境设计类课程"以赛促学"教学方法探究》，载《职业技术教育》2019 年第 17 期。

［3］王蕊：《基于项目式教学法的小学机器人课程教学研究——"以赛促学"教学框架设计》，海南师范大学，2021 年 5 月。

［4］裘锴：《中职计算机网络专业"以赛促学"教学模式探究与应用》，江西科技师范大学，2021 年 5 月。

［5］齐永智、姜奕帆：《高校"以赛促教、以赛促学"实践教学模式探析——基于山西财经大学营销策划大赛的经验》，载《山西财经大学学报》2013 年第 4 期。

［6］肖海慧、邓凯：《"以赛促学、以赛促训、以赛促教"教学模式的应用》，载《中国成人教育》2013 年第 16 期。